古墳と須恵器
兵庫県小丸山古墳

小丸山古墳は兵庫県加東郡社町に所在する円墳である。主体部は2基あり、ともに横穴式石室で、開口方向もほぼ同じである。写真の主体部は内部が荒らされておらず、遺物の配置がよくわかる。追葬後、火が放たれており、内部が強い熱を被っている。火葬墓とは異なるが、石室全体の火化墳の例として貴重である。類例は兵庫県龍野市龍子向イ山古墳などが知られている。

　　　構　成／森下大輔
　　　写真提供／兵庫県加東郡教育委員会

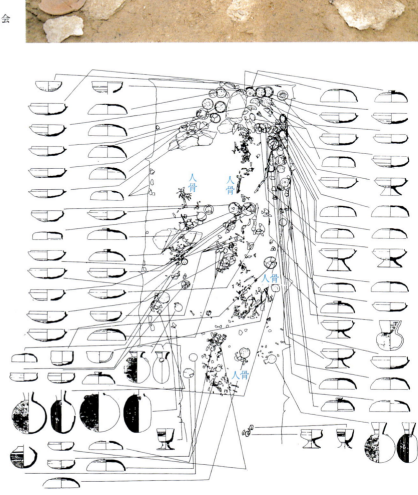

写真・図はいずれも小丸山第1号墳第Ⅰ主体部

集落出土の須恵器　大阪府堺市四ツ池遺跡・東上野芝遺跡

▲▼四ツ池遺跡出土の半島系須恵器

大阪湾に面した四ツ池遺跡は、縄文時代から歴史時代に至る複合遺跡である。とくに古墳時代の集落遺跡からは、多数の初期須恵器などが出土している。陶邑へ通じる石津川の河口付近でもあり、その関連が注目されている。

東上野芝遺跡は百舌鳥古墳群に近い集落遺跡である。ここでは定形化した後の段階の陶邑の須恵器が多数出土している。単に距離的に近いというばかりでなく、当該集落の居住者と陶邑との交流もあったのではないかとみられている。近接して土師遺跡などもあり、古墳・遺跡の集中する地域でもある。

　　　　構　成／樋口吉文
　　　　写真提供／堺市教育委員会

東上野芝遺跡出土の定形化した須恵器

四ツ池遺跡出土の須恵器

律令時代の須恵器
平城宮(京)と平安宮

平城宮(京)の土器

奈良時代の宮都、平城宮(京)で出土した須恵器・土師器で復元された台所容器の数々である。これらは宮廷土器様式あるいは律令的土器様式とも呼称され、大半の須恵器は『延喜式』主計寮式に規定された調貢国から運ばれたものと考えられる。
写真提供/奈良国立文化財研究所

平安宮の土器

内裏内廓東北部で検出された土壙から、一括して廃棄された土器群が出土した。平安宮における10世紀前半の土器組成を知るうえで貴重な例である。丹波篠窯産の椀・鉢が出土しているが、須恵器の占める比率はかなり低い。
構成/中村敦 撮影/村井伸也
写真提供/京都市埋蔵文化財研究所

生産地と須恵器
大阪府陶邑・兵庫県札馬

大阪府堺市ほかに所在する陶邑窯跡群は総数千基とされる。5〜10世紀の須恵器窯がみつかっており，とくに平窯は7, 8世紀，この地域でみられる独特の形状である。

札馬窯跡群は兵庫県加古川市所在の須恵器窯跡群で，総分布数50基をこえる。7世紀から11世紀まで連綿と生産されていた。手法，形態ともに見事で，当地域の中央窯的な存在であったと考えられる。

構　成／樋口吉文・中村　浩
写真提供／大阪府教育委員会・
　　　　　堺市教育委員会・
　　　　　加古川市教育委員会

陶邑・小角田遺跡MT 250号窯跡全景

同上出土の須恵器

陶邑・高蔵寺TK 321号平窯跡

札馬窯跡群

左の拡大写真

季刊 考古学 第42号

特集 須恵器の編年とその時代

● 口絵(カラー) 古墳と須恵器 兵庫県小丸山古墳
集落出土の須恵器 大阪府堺市四ツ池遺跡 東上野芝遺跡
律令時代の須恵器 平城宮(京)と平安宮
生産地と須恵器 大阪府陶邑・兵庫県札馬

(モノクロ) 生産地と須恵器
牛頸　湖西　鳩山　類須恵器

須恵器の編年―――――――――――――中村　浩 (14)

須恵器の系譜と編年

陶質土器と初期須恵器の系譜――――――冨加見泰彦 (17)
須恵器のひろがりと編年――――――――小田富士雄 (21)
須恵器の終末とその行方――――――――森田　稔 (27)
南島の類須恵器――――――――――――池田榮史 (30)

須恵器の時代と様相

律令制と須恵器――――――――――――中村　浩 (33)
須恵器の古器名――――――――――――井山温子 (35)
様々なかたち―――――――――――――柴垣勇夫 (38)

生産地の様相と編年

多摩・比企――――――――――――――酒井清治 (41)
猿投・美濃須衛――――――――――――齊藤孝正 (44)
湖　西―――――――――――――――――後藤建一 (48)

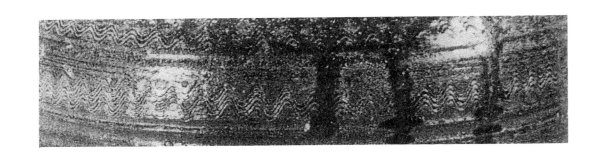

　陶　邑 ——————————————— 樋口吉文 (51)
　東播磨 ——————————————— 岸本一郎 (54)
　牛　頸 ——————————— 舟山良一・平田定幸 (56)

消費地の様相と編年
　古墳と須恵器 ——————————— 余語琢磨 (59)
　平城京と須恵器 —————————— 中村浩道 (65)
　平安京と須恵器 ——————————— 網　伸也 (69)

自然科学と須恵器
　産地推定の手法 ——————————— 三辻利一 (73)
　年代推定の手法 ——————————— 広岡公夫 (75)

須恵器関係文献目録 ——————————— 編集部 編 (77)

最近の発掘から
　縄文中期後半の大集落跡—岩手県御所野遺跡 ——— 高田和徳 (79)
　後北条氏最大の支城—東京都八王子城跡 ————— 戸井晴夫 (85)

連載講座　縄紋時代史
　16．縄紋人の領域(3) ——————————— 林　謙作 (87)

書評 ————————————————————— (95)
論文展望 ————————————————————— (98)
報告書・会誌新刊一覧 ——————————————— (100)
考古学界ニュース ————————————————— (103)

表紙デザイン・カット／サンクリエイト

生産地と須恵器
牛　頸

福岡県牛頸窯跡群の一支群であるハセムシ窯跡群 No.12地点には10基の窯跡があったが，中央部下方に堆積した灰層中から漢字の刻まれた須恵器甕片が出土した。筑前国奈珂郡手東里の住人3名が調として大甕を和銅6年（713年）に納めるという内容が記されており，実年代の記された資料として極めて注目されるものである。しかし焼成された窯が特定できず，共伴蓋杯などを明らかにすることができないのは惜しまれる。

　　構　成／舟山良一
　　写真提供／大野城市教育委員会

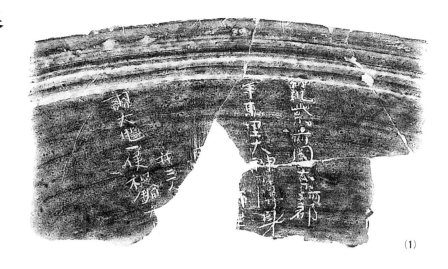
(1)

(2)

ハセムシ窯跡群 No.12地点

(1)
筑紫前國奈珂郡
手東里大神マ得身
　　　并三人
調大甕一隻和銅六年

(2)
筑紫前國奈珂
郡手東里
　　□呂　乎万呂
　　并三人奉
□甕一隻三年

(3)
大神君百江
大神マ麻呂
内椋人万呂
　　并三人奉
□甕一隻和銅六年

(3)

湖西

東笠子第36地点古窯跡（8世紀代）

浜名湖西岸に広がる湖西古窯跡群は，5世紀後半代から9世紀前半にかけて存続した窯跡群である。7世紀から8世紀前半にかけて窯跡は著しく増加し，階段構造の窯や長頸瓶など窯構造や製品に特色がみられる。7世紀代までは1ヵ所に2基程度の窯を築き，長期の操業が行なわれるが，8世紀には5基や7基と数を増すものの1基の操業期間は短い。

構　成／後藤建一
写真提供／湖西市教育委員会

峠場第1地点古窯跡1・2号窯灰原出土坏（6世紀前半）

青平古窯跡Ⅵ号窯出土坏（8世紀前半）

峠場第2地点古窯跡出土坏（7世紀中頃）

古見第16地点古窯跡出土陶馬（8世紀中頃）

山口西門遺跡出土の長頸瓶（左：7世紀末，右：8世紀初）

類須恵器
鹿児島県カムィヤキ窯跡群

グスク時代前後に琉球列島中・南部に広く分布する類須恵器は本土の須恵器とは異なるが，似た焼き上がりをみせる。この類須恵器研究に大きな画期をもたらした調査が1984年，鹿児島県徳之島で行なわれた。伊仙町カムィヤキ窯跡群で八手状の尾根傾斜面に2カ所（Ⅰ支群とⅡ支群）の窯跡が発見されたもので，第Ⅰ支群は窯体7基ですべてが調査され，第Ⅱ支群は7基のうち1基の調査が行なわれた。

構　成／新東晃一
写真提供／伊仙町教育委員会

カムィヤキ窯跡群第Ⅰ支群全景
地下式のくり抜き登窯で，焼成部床面は約31〜36度の急傾斜をなす

第Ⅰ支群1号窯煙道出土の把手付壺

第Ⅰ支群灰原出土の壺

第Ⅰ支群灰原出土の壺

第Ⅰ支群灰原出土の大鉢

第Ⅰ支群1号窯全景
窯体は全長約8m。焚口部分から焼成部はほぼ完全に残存し，窯体の構造がよくわかる

第Ⅰ支群1号窯焼成部
床面は約31度の傾斜角をなし，床面には20数個の粘土塊の焼台が原位置に確認された

第Ⅱ支群3号窯
遺跡保存のために試掘された。窯体は全長3.6mと比較的小規模である

鳩山

広町B窯跡（部分）

南比企窯跡群は6世紀前半から須恵器生産を開始しているが、国府、国分寺へ供給する須恵器・瓦の生産地としても使用され、7地区56支群が確認されている。中でも鳩山窯跡群では窯、工房、粘土採掘坑が調査され、一大コンビナートの様相であった。その製品は埼玉、東京、神奈川、千葉、群馬に及ぶ東日本有数の窯跡群である。

　構　成／酒井清治
　写真提供／鳩山町教育委員会

広町B13号窯出土遺物

広町12,13A号窯出土遺物

広町B12号窯（左）
広町B11号窯（右）

広町B4号窯出土遺

季刊 考古学

特集

須恵器の編年とその時代

特集 ● 須恵器の編年とその時代

須恵器の編年

大谷女子大学教授 中村　浩
（なかむら・ひろし）

須恵器は全国に急速に普及した遺物として特異なもので，かつ専門工人の手によって生産された規格性をもつ手工業品でもある

1　須恵器の特徴

　須恵器は，その伝播した段階からまもなく全国各地に広がっていった。とくに古墳時代の後半以降の大抵の遺跡から，その出土が見られないことがないといっても過言ではないほどにまでなっている。
　このように全国に急速に普及した考古遺物はきわめて少なく，同じ容器でも伝統的な性格の濃い土師器が見られる程度である。しかし在地での自給的性格の強い土師器に比較して，一定の技術の習熟が要求され，かつ専用の窯を必要とする須恵器は，専門工人の手によって生産された手工業品でもある。このことは，製作者に一定の基準以上の技術があることから，形態や手法にも規格性を求めやすい状況があった。実際，その初期段階の一時期を除いては，一定のものさしのもとに各製品が作られたのではないかと思わせるに十分な法量の均一性あるいは規格性が認められる。一方，規格の有無に係わらず，その器種構成や形態の変化は，一定の時代の変化とともに微妙に変化していった。これは，単に生産地のみならず，各種の消費遺跡にあっても確認されている。
　これらの須恵器のもつ特徴は，遺跡の時期あるいは，その性格の推定する基準の資料として大きな役割がおのずと期待されることになる。
　その期待は，すでに和泉陶邑窯の須恵器編年をはじめとして，尾張猿投山西南麓窯跡群，筑前牛頸窯跡群など全国的に知られた生産地での型式編年を，ほぼ完成させてきた。しかし一方で，消費遺跡との関係が，いまだ十分消化されていないきらいがあることは否定できない。ここには流通という問題が介在し，とくに律令制時代の前後からは商品経済との関わりも無視できない存在となる。
　いずれにしても須恵器の研究は，その時代の研究であり，その時代の各遺跡でのあり方の検討抜きには進展しないことは改めて説くまでもないだろう。

2　系譜と編年

　須恵器の源流は，大陸，朝鮮半島に求められるが，その伝播の初期段階では，あるものは陶質土器，あるものは初期須恵器と呼ばれている。近年の陶邑地域の調査によって，中央の栂丘陵先端部で大庭寺遺跡が確認され，続いて窯跡も確認された。それらの調査の結果，窯跡は渡来第一世代の使用した須恵器窯の可能性が濃いことが明らかとなった。この確認によって初期須恵器の見直しが問題となっている。とくに須恵器の製作開始年代をめぐって，従来の説と遡らせようとする考えとがあり，一部議論が始まっているやに伝聞する。筆者は，これら大庭寺遺跡で確認された初期須恵器窯跡出土遺物，あるいは最近調査されている狐池南遺跡で確認された窯跡出土遺物のいずれも知見を得る機会をえた。これらについては，いずれ正式な報告があるのを待つことにするが，少なくとも両者はすでに公表されている，TK 73, 85号窯跡などの出土須恵器とは異なる系譜関係を持つものという印象を受けた。すなわち，これらの生

産年代について，すでに明らかとされている年代よりは大きくは変わらないということであり，それらの差は時期差ではないと考えた。その系譜関係については，かつて報告書でTK・MT地区，TG地区，ON地区でおのおの差異が見られるという指摘を行なっていたが，その具体的な部分で若干の変更，追加が見られるものの，三者三様の形態的特質が存在することについての変更の必要は認めないですむようである。

いずれにしても，その正確な成果の紹介と検討が待たれるが，本書では，その第一段階として，調査担当者の一人でもあった冨加見氏の論文を得ることができた。

やがて須恵器は，よく知られているように全国に生産地を拡大していく。しかしその中心的な位置は，常に陶邑窯であったとして大過ないだろう。そのため型式編年にあってももっとも広い範囲で応用されているのが当該地区の資料を基礎とするものである。

小田氏の論文は，その須恵器編年の歴史を時期を追って検討し，須恵器研究の拡がりをあとづけられている。研究史は目立たないが，研究の深化には不可欠で避けることができない問題の一つである。とくに編年の問題は，本特集の冒頭に掲げられるべきものの一つであろう。

須恵器は平安時代でほぼその生産を終えるとされているが，引き続いて播磨地域をはじめとして一部地域では，須恵器すなわち無釉還元陶の生産が引き続き，あるいは開始されている。後の中世陶器とは必ずしも同じものではなく，別の系譜をたどるものもあるが，まだ十分解明されていない点もあり，注目される課題の一つである。この時期の代表的な窯跡に神戸市神出窯跡，明石市魚住窯跡があり，そこでの問題にいくつかの成果をあげておられる森田氏による須恵器の終末をめぐる論である。

須恵器の見られる，正確には生産されている南限は，鹿児島県とされているが，南西諸島から沖縄本島などには，須恵器に似た無釉還元陶の焼き物が存在するが，あまり知られていない。これを須恵器に近似することから，類須恵器と呼んでいる。その窯跡も徳之島で調査されているが，やはり須恵器の窯跡に似ている構造である。沖縄にあって，須恵器も詳しく，類須恵器の研究も進められている池田氏によって類須恵器について，まと

められている。

3 須恵器の時代と様相

律令制の実施に伴って，さまざまな政治，経済的事項が各地方に伝達されていった。須恵器生産も，この時代には中央の要求に伴った規格性の濃い製品が多くつくられていた。また当時の生産地の手がかりを文献に求めることができる唯一の時代でもある。

ここでは『延喜式』主計を引用しての検討を行なったが，紙幅の関係もあり，平城京をはじめとする各官衙出土遺物や『正倉院文書』での検討など課題を残している。

器名考証は，比較的古くから行なわれているが，あまり要領を得たものは少ない。とくに文献資料と考古資料との対比は困難を伴う場合が多い。ここでは文献資料から，いかに名称考証が可能かを検討している。文献史の側から井山氏がまとめられたが，紙幅の関係から十分な展開が出来なかったのではないかとも思うが，ものとの関連を実例を示して解説されると，より考古学研究者に親切であるような気がする。

これに関連して，須恵器の特殊器形についてもとりあげている。それらは，本来須恵器の持っていた器種，器形でないものも多く，金属器の写しや木器などの模倣が見られる。これらの写しは須恵器の可能性を試みたものかあるいは作者の遊び心だろうか。また装飾を多数伴った器種も見られるが，これも複数の器種を統合させたようなものも見られる。当該器種についての論を多く発表されている柴垣氏によって，本論はまとめられている。

4 生産地の様相と編年

全国各地の須恵器生産地について，その紹介と，そこでの調査成果から行なわれている型式編年の実状を，各地域で実際に調査を担当された方々に，担当頂いたものである。

とくにここで改めて，各窯跡を紹介するまでもなく，いずれも全国的に知られたもので，比較的広い範囲に流通していたと考えられる場所を選んでいる。このほかにも代表的な窯跡はいくつか見られるが，ここでも紙幅の関係もあり省略をやむなくした。

多摩・比企は関東地域の窯跡の集中する丘陵で

15

あり，これら地域の窯跡あるいは須恵器研究に通じておられる酒井氏によって，その現状がまとめられている。

猿投・美濃は，中部東海地方の代表的な生産地であり，のちには美濃・瀬戸などの陶器生産地として栄えた地にも隣接している。とくに猿投窯跡群は，奈良・平安時代の須恵器編年に不可欠なものであり，その整理作業をてがけられた斉藤氏によって，編年と現状がまとめられている。

湖西は東海地方最大の須恵器窯跡群であり，関東地方への供給は古墳時代後半以降ではもっとも多いと考えられている。しかしその状況は，あまり知られていないといっても過言ではない。その地域で根ざして研究調査を進められている後藤氏によって，その成果が示されている。

陶邑は，わが国最古最大の須恵器窯跡群であるといっても言い過ぎではない。すでにいくつかの型式編年に対する考え方が提示されており，影響力も大きい窯跡群である。その地で調査を担当された一員の樋口氏によって陶邑研究の現状がまとめられている。

東播磨は，陶邑の生産が衰退期に入る奈良時代前後から，その生産は活況を見せはじめる。東播磨地域は加古川の流域に展開する窯跡群で，加古川市札馬，三木市久留美，社町吉馬窯跡群はまとまった窯跡群である。とくに三木市内の窯跡からは平安京使用の瓦と近似する文様のものが確認されており，その流通範囲の一端を知ることができる。ここでは地元西脇市を中心として調査研究を行なっている岸本氏によって，その現状がまとめられている。

牛頸窯跡群は九州最大のあるいは西日本最大の須恵器窯跡群である。その窯跡の構造は陶邑の場合とは若干異にするが，量的には決してひけを取らない。古墳時代の後半から奈良時代にかけての須恵器生産が行なわれていた。3市にまたがる窯跡分布や調査主体の輻輳などから，全体把握が困難とされていたが，近年では編年作業も順調に進められている。とくに地元で調査研究にあたっている舟山，平田両氏によって，その現状がまとめられている。

5 消費地の様相と編年

生産地での様相が明らかとなったということも

あり，消費地での状況はいかがであるかを考えてみた。とくに古墳，平城京，平安京の場合と三者を選んでみた。後二者は，限定された都城遺跡であり，前者は一般的な遺跡である。

古墳の副葬品に占める須恵器の割合は，比較的高いものがあるが，それが時期を追ってどのように変化するのか興味ある問題ではある。余語氏によって古墳における須恵器の問題点がまとめられている。

平城京，平安京は両者ともによく知られた都である。とくに両者の資料は奈良・平安時代の基準となるものでもあり，その検討は重要であるといえよう。前者は，『報告書』を中心にして中村氏が，後者は平安京の調査にも関係されている網氏によって，おのおの現状がまとめられている。

6 自然科学と須恵器

考古学的な手法だけでは，明らかにしえない問題は多い。たとえば時期の問題にしても，自然科学的手法による年代推定は，型式編年の基礎作業にあっても大きな示唆を与える。とりわけ熱を伴う窯跡の場合は，熱残留磁気測定をはじめいくつかの手法が応用可能で，実際のデータも示されている。広岡氏は，この分野の第一人者であり，さまざまな年代推定の方法の紹介もそえられている。

産地推定についても，さまざまな手法が考えられるが，三辻氏の蛍光X線による胎土分析研究は，きわめて精力的で多くの資料の分析を行なっておられる。その成果の一部を紹介されている。

7 むすび

以上，今回の特集である「須恵器の編年とその時代」に寄せられた原稿の内容紹介を中心に問題点の整理を簡単に行なってきたつもりである。

しかし時間的な制約から，十分に提出された原稿に目を通していないものもあり，要を得ていない部分も多々目立つかもしれない。この点，執筆者各位と読者にお詫びするものである。

最後に執筆者各位には，時間的な制約と紙幅の制限という二重の難問に対し，快く応じていただいた。ここに感謝の意を表する次第である。

特集●須恵器の編年とその時代

須恵器の系譜と編年

須恵器はいつわが国にもたらされ、どのように全国に普及していっただろうか。そしてその終末、南島との関係はどうだろうか

陶質土器と初期須恵器の系譜／須恵器のひろがりと編年／須恵器の終末とその行方／南島の類須恵器

陶質土器と初期須恵器の系譜 ── 冨加見 泰彦
和歌山県文化財センター
（ふかみ・やすひこ）

須恵器の源流が朝鮮半島南部の陶質土器であることはほぼ確実だが、百済、伽耶、新羅の特徴を合わせもち一様には整理できない

　泉北丘陵を中心とした地域で須恵器窯の大規模な発掘調査が行なわれてから、古墳時代の須恵器研究は飛躍的に前進し、確立されてきた。今日では須恵器編年研究の基準となっている。これまで須恵器は一元的に陶邑(すえむら)から全国に供給されたと考えられてきたが、全国各地で古い窯が相次いで発見されるに至り修正を余儀なくされている。これは、須恵器生産の揺籃期においては日本の各地域にそれぞれ朝鮮半島の工人が渡来し、独自に窯煙をたなびかせた結果で、その成立はより多元的である。この還元焔で焼いた青灰色の硬質の焼きもの（須恵器）の具体的な故地についてはいまだ確定はしていない。しかし、その源流が朝鮮半島南部地域の陶質土器(とうしつ)であることはほぼ意見の一致するところである。

　しかし、わが国における新資料の増加に伴い、新たな問題も生じてきた。これまで舶載品と考えられていたもののなかに、国内で生産された可能性があるものが存在することがわかってきた。その理由として伝来した陶質土器がさほど時間を経過せず、模倣され（＝初期須恵器）生産され始めたと考えられるからである。その揺籃期にあっては当然のことながら、朝鮮半島の工人が深く関与し、故地の陶質土器を再現し、従来にない技術革新をわが国にもたらしたのである。

　畿内の初期須恵器の研究はこれまで陶邑73号、85号窯出土資料を基本として進められてきた。そうしたなかで、これまで北部九州で発見されていた初期須恵器のほうが、陶邑窯跡群のこれらの窯跡には先行すると考えられていた。しかし、陶邑にもこれまで陶邑の最古型式といわれた73型式より先行する一群が存在することがわかってきた。1992年、窯（厳密には灰原）が発見され、注目された大庭寺(おばでら)遺跡がその例である。大庭寺遺跡の一群については管見ではこれまでの調査資料と比較して器種構成および形態について差違はないと考えているため、これまでに公表している資料を用いて陶邑における須恵器の系譜について考えてみたい。

1　器種構成

　最古型式とみられる器種には蓋杯、高杯、器台、把手付有蓋有脚短頸壺、把手付椀、鍋、甑(こしき)、甕(はそう)、壺、甕がある。それぞれの器種について以前の拙稿と重複する部分が多いが簡単に説明を加えたい。

　蓋杯　蓋は細分が可能であるが、A類—器高が低く天井が扁平なタイプと、B類—器高がやや高

17

く丸みを持つタイプに大別される。二者とも天井部には例外を除いては，ほぼ圏線と圏線の間に刺突文を配す文様構成による装飾が施されている。波状文も存在するがその数はわずかである。蓋は内面に自然釉が付着するものが多く，焼成時は逆さの状態であったことがわかる。一方，杯身はA類（有蓋のもの），B類（無蓋のもの）があるが，蓋の個体数に比べ，その量は多くない。成形は粘土板をロクロに置き，マキアゲているのが通例である。調整はA・B類とも静止ヘラケズリを通例とするが，B類のなかにはナデ調整によるものもある。

　高杯　A類（有蓋のもの），B類（無蓋のもの）に大別できる。有蓋高杯は縦長の長方形スカシを持つ多窓のものが多く，スカシは個体によって異なるが9〜16方まである。口縁端部は平坦でやや内傾し，水平で幅広の受け部を形成し特徴的である。A類がほぼ個体差程度の相違であるのにたいし，B類は蓋杯の蓋を逆さにして杯部に，脚を付けた形状を示す。基部が細く，大きく「ハの字」に開く形状で，脚柱部と裾部の境には凸線が巡るものが一般的であるが，基部が太いものも存在する。両者が時間差として捉えられるかはいまのところ判然としない。スカシは基部が細いものが三角形，菱形，長方形，円形と多彩であるのに対して，基部が太いものは円形のみである。他に有蓋では「釜型」の杯部をもつもの，無蓋では装飾性豊かな器台的な高杯や土師器的な高杯がある。

　器台　器台は高杯形器台（A類）と筒形器台（B類）がある。量的にはA類が圧倒的に多い。A類の器台は，細部においては微差は認められるが口縁部が大きく外反し，内面に凸帯はないものの明瞭な稜線を有している。杯体部は4区画からなる文様帯で構成されているのを基本としている。凸帯は貼付け凸帯で，高さもあり明瞭である。脚部は3区画に構成された文様帯に波状文を施文し，千鳥（上下交互配列）に短冊形のスカシが穿たれているものが多い。スカシは三角形を呈するものもある。杯部に見られる装飾文様は波状文，鋸歯文，斜格子文，組紐文，竹管文，刺突文を相互に組み合わせた装飾性に富むことがその特徴である。

　把手付椀　粘土板に粘土紐を巻き上げ，直線的に立ち上がる形状を示し，口縁部と体部は不明瞭な凸帯によって境としている。断面円形の大きな把手を持つ。波状文などの装飾文様は認められない。やや時期が下ると，波状文が認められ，把手に蕨手が付く例もある。

　坩　平底のものと丸底のものがあり，いずれも小型品である。

　甑　基本的には軟質系のものが圧倒的に多いが須恵質のものもある。古代のものほど口縁と器高の比率が1：1に近く，把手は上方に直線的に延び，その端部は平坦なものが多い。底部に設けられた孔は基本的には中央に大きな孔を配し，周りに小さ目の孔（短冊形，三角形，円形）を穿つのが多いが多種多様である。

　甂　外面底部の静止ヘラケズリやみこみ部分の突き出し痕をナデ消すなど，全体に丁寧な仕上がりである。甂は小型品が多い。樽型は初期の段階ではその存在は顕著でない。

　壺　口縁部の形状から，短頸広口壺，長頸広口壺に分類できる。短頸広口壺は端部が軟質土器に見られる如く凹面をなす。体部はカキメと螺旋状の沈線が巡るものと，縄蓆文と螺旋状の沈線がめぐるもの，タタキによるものがその主流である。なかには瓦質焼成のものも存在する。長頸広口壺は口頸部に凸帯を持ち，刺突文が施文されたもの，波状文が施文されたものがある。体部は球形のもの，肩が張るもの，逆に下脹れのものと多彩である。

　甕　大形品は似通った形状をしめす。口縁端部は丸く，直下に断面三角形の貼付け凸帯を持つ。凸帯は1条が最も多く9割以上を示すが，なかには2条あるいは3条のものも存在する。口頸部は直立気味に立ち上がり，肩部が張っているものが多く形態としては卵形の体部のものが多い。器面の調整はナデによって消しているものが大半であるが，ハケメによるもの，縄蓆文によるもの，格子タタキによるもの，平行タタキによるものがある。底部は丸底が多いが，尖り気味のものもある。それらは内面に顕著な絞り痕跡があり，甕のなかには如実に分割成形によってつくられたことを示す例もある。特異なものに瓦質に近い長胴甕も出土している。

2　その系譜について

　以上，大雑把ではあるが大庭寺遺跡出土の須恵器を概観した。器種ごとに整理をしてみると，蓋の場合，73・85号窯を始めとする陶邑のこれまで

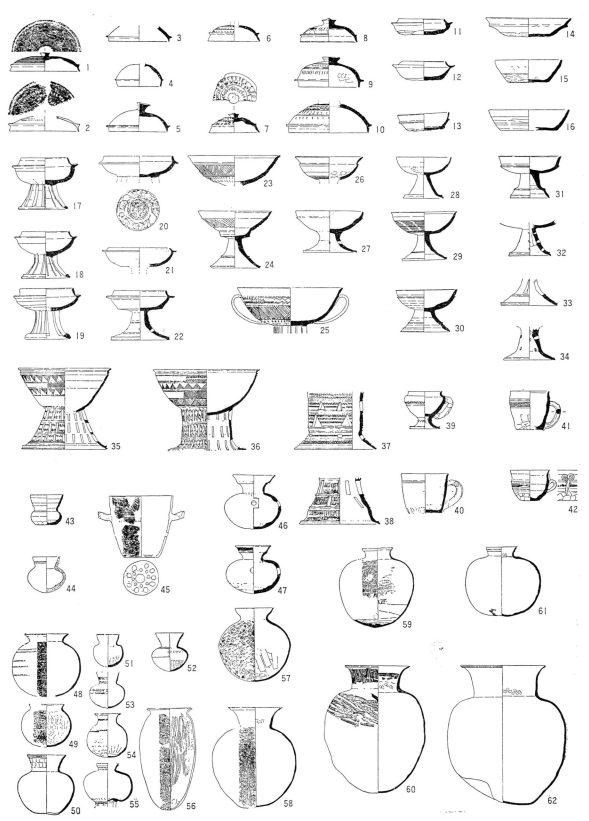

大庭寺遺跡出土初期須恵器

の資料のなかには，装飾性に富む蓋は認められない。洛東江中流域の慶尚北道高霊郡池山洞古墳群（たとえば33号墳など）や慶尚南道釜山の華明洞第2号墳などいわゆる伽耶といわれる地域の蓋により近い。蓋のなかには，把手付有蓋有脚短頸壺の蓋と考えられる例や宮崎県六野原地下式横穴出土の陶質土器といわれる有蓋高杯の蓋に酷似する例があり，それらの器種の蓋が含まれている可能性も高い。杯については，わずかながら存在する程度で，蓋の状況と考え合わせれば，その割合は低いと見られる。TK73号窯，濁り池窯，上代窯などが蓋杯中心で百済的であるのに対して，蓋杯が器種構成の上で量的に少ないことは，これまで陶邑に先行すると考えられていた北部九州における初期の窯跡群と同じ傾向を示し，高杯，器台の量の多さを考えると，むしろ百済以外の要素を導きだせる。高杯はA類としたものは，前述の宮崎県六野原地下式横穴出土の有蓋高杯に酷似する。陶邑内では大庭寺遺跡以外いまのところ多窓の高杯は濁り池窯で確認されているにとどまる。ただ，多窓の高杯は朝鮮半島の資料では無蓋のものが多いように認識しており，それが正しいとすれば，変容された形で大庭寺にもたらされたと考えられる。B類のなかには26の高杯や31・33・34の脚のように華明洞古墳群や東莱福泉洞古墳群など，慶尚南道に類似する例が多くある。器台は大庭寺遺跡を特徴づける器種で，量的には高杯形器台が多い。和歌山県楠見遺跡出土の器台に近く，杯部は四区からなる文様帯によって構成され，斜格子や鋸歯文あるいは波状文が施文されている点は東莱福泉洞21号墳副槨出土の器台などと共通する要素がある。しかし，脚部は上下交互配列で新羅的といえ，筒形器台の脚部も，上下交互配列のスカシを持ち，新羅的要素を強く持っている。

　把手付有蓋有脚短頸壺は唯1点出土している。陶質土器と考えられる福島県南山田遺跡や大阪府野中古墳例と比較すると法量はやや大振りである。肉眼による胎土の観察と焼き歪みなどから，製品としては不良品であるため，舶載品とは考えられず陶邑産とする蓋然性は高い。甑は朝鮮半島では，全羅南道霊岩萬樹里古墳群などに散見でき，百済の様相が強いと見られる器種である。壺は陶邑では螺旋状の沈線を持つ例は知られていなかったが初めて確認された。螺旋状の沈線を持ち，縄蓆文が施される広口壺は伽耶に祖形をもとめるのが妥当であろうが，直口壺や平底の壺などはむしろ百済に祖形を求められる。甕は伽耶土器の特徴である肩部に突起を持つものはないが，製作技法上特徴的な底部絞り込み技法による例が複数ある。この痕跡は香川県三谷三郎池窯，和歌山県鳴滝遺跡などにも見られる例で，朝鮮半島では洛東江流域に広く分布しており，おそらく他の多くの器種と同様，朝鮮半島南部にその源流を求めることができよう。

3　まとめ

　以上のことから，洛東江流域の諸特徴を持ったものが多く存在し，大筋では伽耶地域と考えられるが，その揺藍期の様相は百済，新羅などの特徴を合わせ持ったものも多く，変容された形として捉えることができる。今後朝鮮半島において，大庭寺の祖形となるものが発見されないとは限らないが，朝鮮半島の各地の工人が畿内政権のお膝元である陶邑に結集された結果の所産であろうと考えられる。

　陶邑での初期窯の在り方は大庭寺遺跡などの例が示すとおり，その器種は豊富で供給圏も汎日本的であるのに対し，地方窯では，極めて一過性が強く，器種も限定され，その供給圏も地域にとどまる事が多い。これは，畿内政権と地方豪族の歴然とした差である。まさに陶邑は畿内政権のお膝元で管理された窯跡であったからにほかならない。そして，その成立には4世紀末〜5世紀にかけての朝鮮半島での国際的な緊張が深く関与しているものと推察される。

　以上，私見をまとめたが，意を尽くせなかった点が多々ある。また，大庭寺遺跡の遺物については窯資料でないため，おのずから限界がある。引用した朝鮮半島の資料についてもあるいは事実誤認も多いかと思われるが，将来機会があれば再考したいと考えている。示唆を受けた文献は数多いが紙面の都合で割愛させていただいた。ご容赦願いたい。

須恵器のひろがりと編年

福岡大学教授
小 田 富士雄
（おだ・ふじお）

5世紀前半代から11〜12世紀代にまで及ぶ須恵器の流行は全国的なひ
ろがりを有し，生産と流通の研究は地域別に多くの蓄積をみせている

1　はじめに──古墳から生産遺跡へ──

　今日では須恵器が東北地方から，南は九州地方
にいたるまで広く分布することは周知の事実とな
っている。わが国では古墳時代に登場し，古墳の
副葬品として多く発見されているほか，生産遺跡
（窯跡）・生活遺跡（住居跡）・宗教遺跡（祭祀遺跡）
からの発見も少なくない。さらに8世紀以降の律
令社会体制下では新たに官衙・都城・寺院などの
遺跡まで須恵器の需要は拡大され，特定の国々に
は貢納調器として生産が課せられている。

　このように須恵器の流通は古墳時代に始まり，
奈良・平安時代に及んでいるが，平安時代末期に
は衰退して特定地域で集中的生産が行なわれ，い
わゆる中世の「六古窯」へと推移してゆく。須恵
器の流行期間は5世紀前半代から11〜12世紀代に
まで及んでいるので，須恵器のひろがりといって
もこれをとりあつかうにしても，いくつかの視点
がある。たとえば時代や遺跡の種類をとわず須恵
器の発見地を捜して分布を調べるのは最も基礎的
な「ひろがり」調査であり，研究史的にも初期段
階に属する。つぎには最も研究史的蓄積の大きい
古墳出土資料については，古墳の編年研究ともあ
わせて須恵器の時期別や器種別のひろがりについ
て言及することが可能になってきた。とくに1950
年ごろから官衙・寺院遺跡の発掘の進展にともな
って，奈良時代以降の良好な資料に恵まれてきた
ことは須恵器研究の領域を奈良・平安時代にまで
急速に拡大することとなった。

　しかし一方では古墳における追葬や，その他の
消費遺跡における上・下限幅の広さなどの問題が
提起されるようになると，複数時期の諸器種が共
存する事実も認定されるようになって，編年論上
の限界が気づかれてきた。そこでさらに，より単
一な時期の器種とくみあわせの正確度を求めて生
産遺跡（窯跡）出土資料へと目がむけられるよう
になっていった。かくして，窯跡の本格的な発掘
調査は1950年代から始められたのである。

2　窯跡の調査と須恵器のひろがり

　須恵器窯跡の分布調査は明治時代にさかのぼっ
て始まっている。明治34年（1901）和田千吉氏は
『和名抄』にみえる「土師郷」の地名を抽出し，ま
た須恵器についても以下のように述べている。

　「陶器は諸国にて製造せられたる ものにして，
古く世に知られたるは，和泉國の陶村にして，後
陶器荘と云ひ，大鳥郡なりしが，現今の泉北郡西
陶器村大字高藏寺，同深坂に當れり，其他近江國
の鏡　谷，備前國邑久郡須恵郷，即ち現今の春日
井郡上下，末村あり，又延喜式によれば，此他に
攝津，美濃，播磨，讃岐，筑前，河内，三河，淡
路にも製造所ありしが如し，其他諸國にて之が製
造をなせしなるべきも，其窯趾を存して，遺跡た
りしを證すべき地は甚少し[1]」。

　さらに和田氏の踏査発見した須恵器窯跡として
播磨国青山村桜峠，同相阪塩田を紹介している。

　大正時代に入ると摂津[2]，河内[3]，美濃[4]，伊勢[5]
など近畿周辺の窯跡の紹介に加えて，越前[6]，山
形[7]などでも報告されている。なかでも摂津を中
心とする笠井新也氏の活動は注目される。現在の
兵庫県西脇市に在る金城池窯跡群にあたるもの
で，製品の「大部分が茶碗形の一種である」とこ
ろから，「当時既に製陶上の分業が行はれてゐた」
ことを指摘されている。現在この窯跡群から発見
される須恵器の多くは山茶碗系であり，時代につ
いても笠井氏は平安時代初期とされたが，現在で
は平安時代中〜後期に訂正を要するものの，研究
史上初期にあっての笠井氏の推定がほぼ当ってい
たことにおどろかされる[8]。また河内長谷山の窯
跡は今日南河内郡一須賀古墳群内に含まれ，初期
須恵器窯に比定されている一須賀2号窯跡が所在
するところで，後年笠井氏の踏査された窯跡が5
世紀代のものであることが確認された[8]。

　大正14年（1925），上田三平氏は奈良県生駒市の
窯跡を発掘した[9]。その目的は「遺物包含状態，
遺物の種類，陶窯の構造，和銅開珍出土地の状

況，陶窯と和銅銭との関係等を明瞭にすべき」ためであった。窯体床面を発掘し，有蓋碗や坏が発見された。これらの須恵器は古墳副葬品にはみられない器種であること，正倉院北倉の薬壺と通ずる点があることなどの重要な指摘がある。

　昭和時代に入ってからは須恵器窯跡への関心はむしろ低調であったが，そのなかで宮崎県を中心とする石川恒太郎氏の活動が注目をひく。石川氏は昭和15年（1940），延岡市古川町で発見された須恵器窯跡2基を発掘調査した[10]。この調査は九州地方における須恵器窯跡発掘調査でも初見というべきものであった。出土須恵器は今日の編年観に照して9〜10世紀ごろとみられる。つづいて昭和19年（1944）には窯跡に関する総括的論考[11]を発表した。所在地形，形式と名称，構造と用法，釉薬の問題などについて論じている。当時まだ全国的にも数少なかった窯跡の報告を検討して窯体の構造形式を5形式に分類した。そのうちの三種はこれよりさきに後藤守一氏の著書[12]で示されたものを採用し，さらに自身が調査した二種を加えたものであった。窯跡研究史上に先進的位置を占める論考であった[13]。

　1950年以降須恵器窯跡の本格的発掘調査が始められるようになるが，この時期に公表された小山冨士夫氏の須恵器窯跡の地名表[14]は全国的な生産の概要を知る上に基礎的な労作として貴重であり，以来各地で分布調査や発掘調査が継承されて充実されてきている。当時小山氏によって都府県別に登録された遺跡名は，秋田1・山形16・宮城13・群馬4・茨城5・埼玉8・東京3・山梨2・新潟5・富山3・岐阜23・長野14・静岡4・愛知3・三重1・石川8・福井10・滋賀6・京都3・奈良3・大阪9・兵庫6・岡山5・広島4・島根1・山口1・香川5・高知1・福岡4・熊本2・宮崎1であった。さらに未確認として岩手・千葉・和歌山・佐賀県があげられている。しかしこの分布傾向は窯跡のひろがりを正確に示すものではない。関心をもつ研究者の活動地域はいきおい発見例も多くなるという状況をまだ多分に示している段階にあった。1950年代から始まった楢崎彰一氏らによる愛知県猿投窯跡群の発掘調査，森浩一・田辺昭三・中村浩らによる大阪府陶邑窯跡群の発掘調査は今日までの須恵器編年にかかわる代表的作業であり，また三辻利一氏の胎土分析という理化学的方法とともに，各地における須恵器流通研究の問題にも重要な指針を与えている。これらについては別に本誌でも述べたこともあるので参照をねがうこととして割愛したい[15]。

3　須恵器の編年

　すでに述べたように須恵器は東北から九州までの列島内各地古墳の副葬品としてひろく発見される。とくに後期古墳のなかからは必ずといってよいほど発見される普遍的遺物であるところから，1950年代から古墳の年代決定の物指としてその編年作業の必要が大きく認識されはじめてきた。その嚆矢となったのは1953年に刊行された東亜考古学会発行の『対馬』[16]であった。このなかで樋口隆康氏は「祝部土器の編年」として三群4期編年を立てている。当時まだ窯跡の調査のないころであったから西日本各地のほぼ年代比定の定まっている古墳の須恵器を基準とする方法であった。

　第一群第1形式——「杯，高杯，壺などの器形が存するが一般につくりは精良である。杯においては蓋うけのたちあがりがたかく垂直で，腰のはりがつよく，底部がひらたいのを特色とし，蓋も肩のはりがつよくて，上面はひらたい。高杯においても杯部がふかく，脚は太みじかく，すかしの部分がひろい。古新羅，百済の土器にちかい」。穀塚（京都）・金崎（島根）・江田船山（熊本）古墳らをあて400年代後半としている。

　第二群第2形式——「杯の蓋うけたちあがりが，第一群ほどたかくなく，腰のはりが次第によわくなり底部がまるくなってくる。高杯でも杯部があさくなり，脚はほそながくなる。そして器形もほかに提瓶，はさふ等がでゝくる」。鴨稲荷山（滋賀）・王塚（福岡）古墳らをあて，500年前後から500年代前半としている。

　第二群第3形式——稲荷山（熊本）・五郎山（福岡）古墳らをあて，500年代後半から600年ごろとしている。

　第三群第4形式——「杯の蓋うけのたちあがりはさらにひくゝなり，腰部の出ばりが，なくなって側面からそのまゝ丸底へつゝき，皿の類では，糸ぞこ（圏台）がまうけられる。蓋のまんなかには擬宝珠形のつまみがつく。それにともなふ平瓶，はさふ，長頸壺等。いづれもあたらしい特色をもってゐる」。石舞台（奈良）・宮地嶽（福岡）古墳らをあて，600年代にくだる（飛鳥時代）としている。

　1958年，樋口氏はさらに資料の補充をはかると

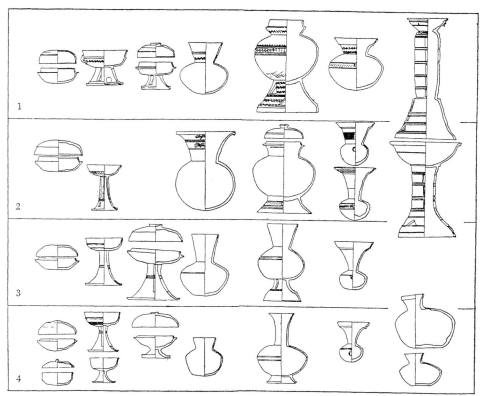

図 1 『対馬』(1953)における須恵器 4 期編年

ともに近畿・九州・中部以来の地域別編年に発展させ，5期編年に改めている[17]。この場合さきの第3形式をさらに二分して3・4期としている。同年後藤守一氏も同様な視点から7世紀までの古墳出土須恵器を4形成に分ける編年を示している[18]。

窯跡出土資料による編年は同年発表された森浩一氏の和泉河内窯編年と，楢崎彰一氏の愛知県猿投山窯編年が研究史上初期のものである。森氏の編年はのちの陶邑編年の先駆をなすもので，5期編年とし，5期（奈良時代）は「発達段階」から前後二形式に分けている。第1期は狐山式と見野山式と仮称する二形式を含み，「古墳からこの形式の須恵器が出土することはすくなく，須恵器副葬の習俗はまだ一般化してはいなかったのであろう」とされる。第2期は土山式と仮称された形式で古墳からも多く発見されている。1・2期は5世紀中ごろ以降，「突然に，しかも大規模に生産が開始され」てより約1世紀間に比定され，「大阪府南部の須恵器生産地帯は，天皇勢力の独占的支配とその保護のもとに発達したと考えられ」，現在の大和王権を背景とする陶邑窯群の性格論が

洞察されていることは注目されよう。第3期は各地の横穴式石室に出土例多く，製作手法の粗雑化と杯・高杯・𤭯（はそう）などの小形化が指摘され，分布も「京都，岡山，島根（松江市と益田市），福井，愛知，静岡などへ窯址の分布はひろが」り，「大阪府下の生産地帯の独占的役割は弱まった」とされた。第4期はこれまでの須恵器の推移が「それぞれの時期に新しく加えたものはあっても，おおむね第一期にあったものを漸新的に変化させたといえる」のに対して，この時期には「突発的な変化が形態にあらわれている」。すなわち「皿状の杯」や，杯・𤭯に応用された「高台の使用という新知識」は以後の須恵器に大きな影響を与えたこと。「壺がすくなくなり，瓶が急激に増加すること」などが指摘されている。第5期は前半を福泉式，後半を光明池式と仮称している。前者では杯の大形化，器の安定性，大形品底部の扁平化と小形品の高台付加，高杯と𤭯の消滅が，後者では皿・杯などにみる形態分化の盛行，新器種の増加，意識的施釉（灰釉）の可能性が指摘されている。また4・5期における「生産技術の地方への波及は驚くべきものがあ」るとして，ほとんどの府県にみ

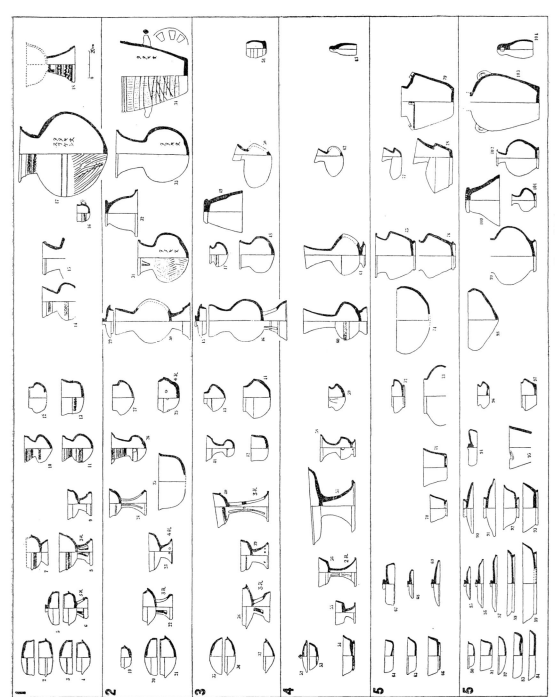

図 2 「和泉河内窯の須恵器編年」(1958)における 5〜8 世紀代 5 期編年

られる須恵器窯跡の系譜を大阪府窯跡群に求めている点は，のちの陶邑窯系一元配布論の先駆をなすものであった。

楢崎氏の猿投山窯編年は，森氏編年に後続する平安時代の須恵器編年を組立てたものである。とりあつかった資料は1956年までに発掘した10基の窯跡資料と収集品と若干の分布調査資料である。平安京遷都（794年）から12世紀中葉以後までを4期に大別し，さらに1〜3期は前後に細分される。第1期は9世紀中葉まで，第2期は9世紀後葉から10世紀後葉まで，第3期は10世紀末から12世紀初まで，第4期は12世紀中葉以後とする。第

表 1　猿投山古窯出土の平安須恵器の編年（「猿投山須恵器の編年」1958より）

時代 / 種類	第一期 後期	第二期 前期 後期	第三期 前期 後期I 後期II	第四期 続須恵器
AD	800	900	1000	1100
壺類　長頸壺				
〃（広口）				
細頸壺				
浄瓶				
鶏冠壺				
双耳壺				
三耳壺				
四耳壺				
四足壺				
薬壺				
水瓶(小口壺)				
唾壺				
甕類　大甕				
甕(土師系)				
甕				
鉢類　鉢(台付)				
〃(未切)				
〃(有稜)				
鉄鉢				
大鉢				
皿類　皿(台付)				
有段皿(両面)				
〃(内面)				
〃(三脚付)				
耳皿				
杯類　杯(台付)				
〃(尖削)				
高杯				
蓋類　杯蓋				
薬壺蓋				
盤類　盤				
高盤				
大盤				
雑　平瓶				
片口				
硯				
陶塔				
火舎				
陶枕				
合子				
托				
輪花碗				
陰刻花鳥文				
窯道具　焼台				
三又トチ				
ツククヤ				
棒サ				

１期前半は資料的に内容が明らかでない。各時期別に器種の消長を表１のように整理されている。第４期は山茶碗とも行基焼ともいわれる粗製の鉢・皿類で特色づけられ，技術的に低下して窯構造・焼成法も以前と異なる質的変化のみられるところから「続須恵器」として区別される。この編年には熱残溜磁気方位測定が援用されている点も理化学的方法の導入のはやい例として注目される。猿投山窯跡は第２期から急増し分布も広がる。後半には日常容器が主流となり各種陶硯の製作が始まる。第３期では「胎土が非常に白くなり，質も緻密で，鉢，皿，壺類の多くのものに灰釉がかけられている」ところが２期と区別される

特色で，大鉢の裏面底に「内竪所」銘を刻んだものがあるなど，中央官衙との関係をうかがわせる。しかし後半期には「鉢，皿，平瓶，薬壺などをのぞき，古い様相をおびたものは完全に消滅し，小口壺，稜のある鉢・皿，耳皿など第三期に発生したもののみに限られてくる」。また花文陶器以外に灰釉がけが一般化し，輪花碗が出現する。しかし「轆轤技法が低下し，器形はいささか粗大化する傾向がある」ことも指摘されている。

一方，陶邑窯の調査も田辺昭三[21]，中村浩[22]氏らによって，須恵器の製作技法の観察から生産の諸段階を設定する方法から新しい「陶邑編年」が提示された。それらの調査研究を通じてこれまで５世紀後半に開始されたといわれてきた開窯の時期は５世紀前半にさかのぼり，朝鮮半島の陶質土器に近似した「定型化以前の須恵器」とか「初期須恵器」などと称される最古段階の須恵器の存在が知られるにいたった。そして中村氏にいたって陶邑窯の須恵器編年をⅠ～Ⅴ型式に大別し，さらに各型式をⅠ—5，Ⅱ—6，Ⅲ—3，Ⅳ—4，Ⅴ—2の各段階に細分して平安時代に至る「陶邑編年」が完成された[15]。それとともに各地で古窯跡の調査が急増して初期須恵器窯の分布も北は宮城県（大蓮寺窯）から南は福岡県（朝倉窯跡群）までのひろがりが明らかになった。このことは須恵器の生産が陶邑一元生産配布論に決着するかにみえた動向を，地方多元発生論に修正することとなった。しかし，陶邑窯系須恵器は５世紀代に九州地方，さらには韓国南部にまで流通したことも事実であって，大和王権をバックにもって優位を占めていた点は否定できないのである[23]。

近畿や北部九州の須恵器生産は９世紀代以降急速に衰退する。かわってその周辺での生産が活発

表 2 須恵器年表（『須恵器大成』1981より）

期	西暦	型式（陶邑窯）	（陶邑窯）	地方窯	古墳・宮都他
I	A.D. 400 〜 500	TK-73 TK-216 TK-208 TK-23 TK-47	（ON-46） （MT-84） （KM-1）	○大阪・一須賀2号窯 ○宮城・大蓮寺窯 ○愛知・東山218号窯 ○島根・迫田2号窯 ○島根・高畑窯 ○長野・松ノ山窯	○大阪・履中陵古墳 ○大阪・応神陵古墳 ○大阪・仁徳陵古墳 ○島根・金崎古墳 ○埼玉・稲荷山古墳
II	500 〜 600	MT-15 TK-10 TK-43 TK-209	（MT-85）		○福岡・岩戸山古墳 ○奈良・飛鳥寺
III	600 〜 700	TK-217 TK-46 TK-48 MT-21	（TK-80） （KM-16） （TK-53）	○京都・幡枝窯 ○兵庫・庄慶山1号窯	○滋賀・近江京 ○奈良・藤原京 ○奈良・平城京 ○国分寺・尼寺の造営 ○地方官衙の整備
IV	800	TK-7 MT-83			○京都・長岡京 ○京都・平安京

★陶邑地区区分の略号 TK＝高蔵 MT＝陶器山 ON＝大野池 KM＝光明池

になることも近年注意をひいている。各地における須恵器の生産と流通（消費）の調査研究は，地域別に多くの蓄積をみせている現状である。本誌ではそれらの様相と編年について別稿が用意されている。本稿はそれにいたるまでの基礎的，研究史的な意味をもつ業績にふれて後考に備える次第である。

註
1) 和田千吉「播磨国神崎郡相阪塩田に於ける上古の陶器製造所発見に就て」考古界，1—6，1901
2) 笠井新也「摂津国川辺郡平井山に於ける古代製陶所の遺蹟及びその遺物」一〜三，考古学雑誌，5—9・11・6—1，1914〜15
同「播磨国津萬村末谷に於ける古代製陶所の遺蹟及びその遺物（附）瓷器に就て」考古学雑誌，6—6，1916
3) 笠井新也「河内国長谷山の古陶窯（附）中山の古窯に就いて岩井君の示教を請ふ」考古学雑誌，6—3，1915
4) 小川栄一「美濃国に存する古代窯址」考古学雑誌，5—4，1914
5) 大西源一「伊勢国河芸郡合川村の上古窯址」考古学雑誌，7—1，1916
6) 上田三平「越前の古代製陶遺蹟」考古学雑誌，9—2，1918
7) 阿部正巳「山形県飽海郡山谷村の古窯址」考古学雑誌，10—10，1920
8) 中村 浩『須恵器窯跡の分布と変遷』p.3〜4，1992
9) 上田三平「奈良県生駒町の古代陶窯遺跡」考古学雑誌，16—1，1926
10) 石川恒太郎「須恵器焼窯発見報告」考古学雑誌，30—10，1940
同「須恵器焼窯再報」考古学雑誌，31—3，1941
11) 石川恒太郎「須恵器窯址考」考古学雑誌，34—6，1944
12) 後藤守一『日本歴史考古学』p.546〜551，1937
13) 小田富士雄「日向における須恵器窯跡調査の成果—故石川恒太郎先生の業績に寄せて—」宮崎考古，11，1992
14) 小山冨士夫「須恵器の窯跡」考古学雑誌，39—3・4，1954
15) 小田冨士夫「須恵器の登場」季刊考古学，24，1988
16) 水野清一・樋口隆康・岡崎 敬『対馬—玄海の絶島，対馬の考古学的調査—』（東方考古学叢刊乙種第6冊）1953
17) 樋口隆康「須恵器」『世界陶磁全集』1，1958
18) 後藤守一「須恵器と土師器」『図説日本文化史大系』1，1958
19) 森 浩一「和泉河内窯の須恵器編年」『世界陶磁全集』1，1958
20) 楢崎彰一「猿投山須恵器の編年」『世界陶磁全集』1，1958
21) 田辺昭三『陶邑古窯址群I』1966
同『須恵器大成』1981
22) 中村 浩「和泉陶邑窯出土遺物の時期編年」『陶邑』III，1978
同『和泉陶邑窯の研究』1981
23) 小田富士雄「須恵器文化の形成と日韓交渉・総説篇」古文化談叢，24，1991

須恵器の終末とその行方

神戸市立博物館
森田　稔
（もりた・みのる）

12世紀末葉以来生産を拡大した備前窯・丹波窯の台頭によって，
15世紀前半魚住窯が廃窯し，この時点で須恵器の終末をむかえる

須恵器生産技術が朝鮮半島より伝えられ，急速に列島各地に伝播した。その成果が7世紀以降に確立された「律令的土器様式」の一環を担う須恵器生産体制と言うことができる。土師器と同様に1器種がその法量により分化して多器種の複合体を形成し，1郡ないし1国単位の生産体制が確立されたわけである。

しかし，すでに8世紀になるとこうした体制に破綻が生じ，須恵器生産の地域的な偏在化が顕著になる。こうした流れを整理すると，①東日本各地で進行した「酸化焔焼成の須恵器」への転換，②東海諸窯で進行した施釉陶器生産への移行，③北陸地方から東北地方南部では須恵器生産の10世紀まで継続し，そして中世において再興する，④西日本各地では伝統的な生産技術を基本として中世まで生産を継続，以上の4類型に集約することができる。

こうした分化を理論的に説明できる段階ではないが，ここ10年ほどの間に蓄積された発掘調査の成果を現象的にまとめると以上のような状況であり，以下その概略を述べることとする。

1　東日本の場合

須恵器生産技術の特質を，①耐火度の高い陶土の選択，②窖窯を用いた還元焔焼成，③粘土紐巻き上げ成形を基礎とする，以上の3点に集約すれば，奈良時代以降の須恵器生産はこうした特質の変化とすることができる。東日本の特徴的な現象は②の還元焔焼成の放棄である。

こうした指摘はすでに1976年，桑原滋郎により，東北地方の「土師器」中に成形技法や調整方法が明らかに須恵器生産技術を踏襲したものに着目し，これらを「須恵系土器」と命名した[1]。一方，関東地方では「ロクロ土師器」と呼ばれる酸化焔焼成の一群が普遍的に存在している。福田健司氏は，従来から使用されてきた「ロクロ土師器」への技術史的な批判を提出し，こうした技術史的な背景を根拠に「須恵系土師質土器」という

名称が妥当である，とした。事実，10世紀以降の東日本から出土する「ロクロ土師器」は須恵器の製作技術を踏襲したもので，最近では同様の現象が西日本各地でも認められるために，この東西の一群の土器群を「回転台土師器」と命名しようとする説もある。

これらは，すべて同じ範疇にはいる土器群であり，技術変革の主体は明確ではないが，明らかに須恵器製作工人と土師器製作工人との間に一定の交流が認められ，窖窯ではなく比較的簡易な構造をもつ窯で酸化焔焼成されたものである。

2　東海地方の場合

5世紀代から逸早く須恵器生産が開始された東海地方では，愛知県猿投窯を中核として大規模な生産を継続してきた。この地域が他の地域と異なるのは，周辺に良質の陶土が普遍的に存在する点である。

従来の須恵器生産技術を基礎として自然的条件，そして流入を開始した中国製磁器への憧憬，さらには仏教の隆盛による仏器の需要が高まり，緑釉単彩陶器生産技術との関連をもちながら8世紀前半代には灰釉陶器と緑釉陶器の生産に成功する。また，この段階では灰釉陶器は「原始灰釉」とも呼ばれるように表面の色調は須恵器に近い状況ではあるが，とくに長頸瓶の肩部には確実に灰釉が施されている。いわゆる白い胎土をもつ灰釉陶器が登場するのは9世紀に編年される「折戸10号窯式」以降であるが，「井ケ谷78号窯式」までの段階では須恵器も一定量同じ窯で焼成されており，従来の須恵器生産を基礎としてこうした灰釉陶器の生産を理解することができる。

3　北陸地方から東北地方の場合

近年めざましい成果を収めているのがこの地域である[2]。富山県射水丘陵や新潟県笹神・真木山地区を代表として北陸地方各地の窯業生産を特徴づけるのは，木地師・製鉄業など複合的な生産体

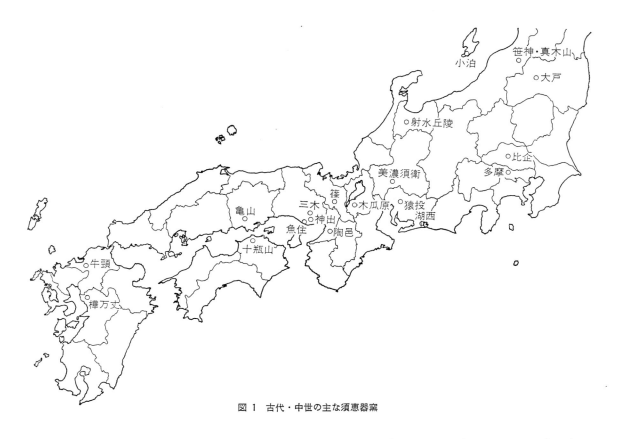

図1 古代・中世の主な須恵器窯

制の一環を占める点にあることが指摘されている。最近発見された滋賀県草津市木瓜原遺跡（奈良時代）でも、須恵器生産と、精錬が行なわれたかは不明であるが鉄を扱う炉、製炭が複合された遺構が発見され、北陸地方以北の体制の系譜を考える上で注目される[3]。

こうした特徴をもつ窯跡群で注目されるのは、福島県会津若松市で発見された大戸窯である。古代大戸窯の製品は、とくに長頸瓶を中心に周辺地域はもとより多賀城周辺地域にも多く供給され、この時代においては東海地方の猿投窯と同様に大規模官衙供給と、数国単位の流通圏を保持する「古代的」な中核窯、と位置づけられることが、1992年8月に開催された大戸窯の検討シンポジュームで明らかにされた[4]。

この地域のもう一つの特徴はいったん10世紀段階で中断し、中世に入ると新しい技術系譜をもつ窯群に止揚される点である。

4 西日本の場合

列島において最も遅くまで還元焰焼成を堅持したのが西日本の須恵器窯である。すでに9世紀後半代に灰釉陶器主体の生産に移行した東海地方を除外すれば、東日本の他の多くの地域が概ね10世紀段階で還元焰焼成を放棄しているが、西日本ではその10・11世紀に鉢を主力とする製品を生産した京都府の丹波・篠窯、11世紀後半代から生産を開始した神戸市神出窯をはじめ、明石市魚住窯などが西日本の須恵器生産の変質を雄弁に語ってくれるように、還元焰焼成・粘土紐巻き上げ成形をかたくなに保っている。

丹波・篠窯は平安京にごく近いという地理的な特質があり、9世紀以降に生産を著しく縮小させた和泉・陶邑窯に代わり、平安京への一大須恵器生産地となる。10世紀代では、緑彩陶器を中核とした須恵器椀・皿、後半代には鉢を調理具とした平安京の食生活の変化により、鉢を主力製品とした西日本一円への広域流通体制の形成に成功している。この背景には、それに伴う物資・人の移動をより容易とした同時代の経済体制の一定の成熟を挙げることができる。

平安時代中期のこうした経済状況を基礎として成立したのが東播磨諸窯である。播磨国は『延喜式』主計上に須恵器調貢国として規定されている

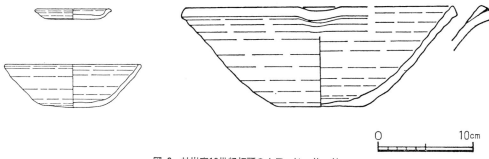

図2 神出窯13世紀初頭の小皿・埦・片口鉢

ように，古墳時代以降長く須恵器生産を継続していた。最近，三木市久留美の毛谷支群と柳谷支群が発掘調査され，この地域で須恵器生産が開始されるのが8世紀中葉ごろであることが明らかになった。その後三木諸窯では12世紀後半代と考えられる宿原5号窯まで継続的に生産される。神出窯は11世紀第3四半期と考えられる万堂池窯が最も古く，13世紀前半代の東支群まで継続する。一方，魚住窯の開窯はさらに遅れ，12世紀中葉の魚住29号窯の一群が最も古く，15世紀前半代までの操業が想定されている。

これらの3群は，それぞれの成立に関して大きな相違点をもっている。三木諸窯は古代以来の伝統のなかから，瓦の需要と生産をテコとして「中世」窯として転換をとげるが，神出窯の場合は瓦生産がその成立の最重要課題だったと考えてよい。一方，魚住窯の成立は，瓦生産が「受領の質的変化」によってその重要性が低下した後と考えられ，その背景にはそれまで培ってきた流通ルートを基礎に，片口鉢を主力商品とする本格的な「中世前期の須恵器生産体制」として最初から成立したものと理解できる。このように一括して「東播系」と総称される3群もそれぞれがもつ成立事情は，全く性質が異なるのである。とくに，神出窯の成立にはよく指摘されるように受領層や社寺などの，直接的ではないもののなみなみならぬ「関心」が働いており，その現われが瓦生産と不可分な関係にあった中世須恵器生産の特質であり，この点では西日本の須恵器生産に限らず，中世の大窯業地形成に共通した背景とすることができる。しかし，忘れてはならないのは丹波・篠窯の時期には確実に成熟していた流通機構をうまく把握し，片口鉢主体の生産に徹したことである。

この時期を「中世」とは認識しない考えもあるが，この時期の状況は瓦生産という一見「公的」な現象に隠されているため理解しづらいけれども，瓦生産をむしろ逆に利用して主力商品の販路を開拓した事情を積極的に理解してはどうだろう。

5 最後に

東播の魚住窯が廃窯する15世紀前半が須恵器の終末である。その最大の原因は12世紀末葉以来生産を拡大した備前窯・丹波窯の台頭が挙げられる。これらもすでに指摘されるように，須恵器生産技術を基礎とするものであり，すでに中世前期に経塚造営をテコとして広域流通体制を整備した常滑・瀬戸窯とは異なり，12世紀末葉の蔵骨器需要をテコとして止揚した窯で，中世後期の花開く。

限られた紙面で，列島における須恵器の変質と消滅について述べるのは，筆者の力量からすると極めて困難な業であり，その詳細については各窯群の筆者に委ねることとして，これを言い訳として雑駁な文章を終えることとする。

註
1) 桑原滋郎「須恵系土器について」『東北考古学の諸問題』1976
2) 北陸古代手工業生産史研究会『北陸の古代手工業生産』1989，宇野隆夫『律令社会の考古学的研究―北陸を舞台として』桂書房，1991
3) 横田洋三「滋賀県木瓜原遺跡の梵鐘鋳造遺構」『第2回鋳造遺跡研究会資料』1992
4) 大戸古窯跡群検討会・会津若松市教育委員会『東日本における古代・中世窯業の諸問題』1992
など。紙面の都合で大幅に割愛させていただいた。

南島の類須恵器

琉球大学助教授
■ 池田榮史
（いけだ・よしふみ）

グスク時代前後の琉球列島中部圏と南部圏に広く分布する「類須恵器」は，10〜12世紀ごろの東アジアの動きとも関連するかにみえる

九州島から中華民国台湾島までの間には琉球列島（南西諸島）と呼ばれる島々が点在する。これらの島々は地質学的な特徴から，種子島・屋久島を中心とする北部圏，奄美大島から沖縄本島までを中心とする中部圏，宮古島から与那国・波照間島までに至る南部圏に分けられる。

これらの地域圏はそれぞれに歴史的な歩みも当然異なっており，考古学的な文化編年において，日本本土の編年観で対応することが可能な地域圏は北部圏のみである。これに対して，中部圏には日本本土文化の影響が一部認められるものの，南部圏にはその影響が認められず，全く異なる独自の文化を形成する。しかし，12世紀前後からは徐々に両地域圏の間に交流が認められ，15世紀には沖縄本島首里城に本拠を置く琉球中山王国によって統一される。この両地域圏間に交流が生まれ，その後琉球中山王国によって統一されるまでの間を琉球史ではグスク時代と呼んでおり，類須恵器はこのグスク時代前後の琉球列島中部圏と南部圏に広く分布する須恵器質陶器である。

1 類須恵器の特徴と研究史

類須恵器が研究者の注目を集めることとなったのは戦後のことである。1955年九学会連合による奄美大島の合同調査報告の中で，国分直一氏[1]は南島から出土する須恵器に似た焼き上がりを見せる陶器を取り上げ，これを「南島の須恵器」と呼んでいる。そして，これらは日本本土の須恵器の系譜にあり，産地は九州の南辺にあって，大和政権の南島経営の開始と関係して，広く南島へ移入された可能性を指摘されている。

なお，この当時，研究者によって知られていた南島の須恵器とは器高 20〜25 cm 前後，平底で，輪積み痕と叩き目が残る丸い胴部から口縁部が短く外反し，胴部上半部に波状や平行沈線文を施す壺形のものに代表されている。これらを見ると，製作技法や施文の相違，器種の少なさなど，本土の須恵器とかなり異なった部分がある。しかし，

当時の研究段階では，これらを日本の須恵器と関係するものとし，年代的には南島に係わる日本本土の文献記録が現われる奈良・平安朝期に位置づけたのである。

その後，これら南島の須恵器は奄美大島に限らず，沖縄本島や琉球列島南部圏の石垣島や波照間島などからも，小破片ながら出土することが知られるようになった[2]。この結果，これらの須恵器は琉球列島に対する日本本土文化の影響を明確に物語るとともに，南島の先史文化に一定の年代観を付与する遺物とも理解され，急速に関心が高まることとなった。1966年高宮廣衞氏[3]はグスク時代を前・中・後の三期に区分し，その前期の標識遺物に須恵器を上げている。また，1970年佐藤伸二氏[4]は奄美諸島出土の須恵器壺を施文技法によって四型式に分類し，それを基に沖縄のグスク時代発展過程を三期に区分している。この際，佐藤氏は南島で出土する須恵器は一系列の変化で理解できるとし，その焼成地が南島に存在する可能性を指摘されている。

これに対して，南島の須恵器の名称とその系譜について，積極的な検討を進めたのは白木原和美氏[5]である。1971年白木原氏は南島の須恵器と日本の須恵器は本質的に異なるものであり，同一名称で呼ぶべきではないとし，これに「類須恵器」の名称を提唱された。さらに，1975年には類須恵器の系譜にも言及し，その源流を朝鮮半島の陶質土器に求められた。1978年にはそれまでの研究史を概観され，類須恵器の出現を東アジアをめぐる文化交流の中で把握することを試みられている。

2 カムィヤキ窯の発見と調査

以上のような類須恵器の，どちらかと言えば消費地を対象とした研究に大きな画期をもたらしたのは，1984年の鹿児島県徳之島伊仙町におけるカムィヤキ窯跡群の発見・調査である。本窯跡群は土木工事に際して，地元の研究者である四本延宏・義憲和氏によって発見され，鹿児島県教育委

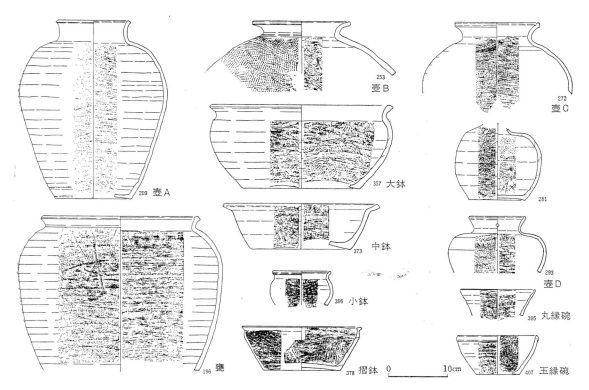

図1 カムィヤキ窯跡群出土遺物の器種構成(『カムィヤキ古窯跡群Ⅱ』より一部抜粋作製)

員会[6]によって確認調査と一部の本調査が行なわれた。窯跡群は2群に分かれており、工事後水没したⅠ群では窯体7基(うち1基は灰原のみ)、保存されたⅡ群でも7基、計14基が確認され、この中でⅠ群の7基とⅡ群の3号窯1基が調査されている。その結果、これまで類須恵器とされていたものと同様の製品が本窯跡群で焼成されていたこととともに、本窯跡群では従来、類須恵器として知られていた波状や平行沈線文を施文した壺だけではなく、甕や鉢・碗・注口製品など多くの器種を焼成していたことが知られた。なお、これらの製品の中で、壺はA～Dの4類、鉢は大・中・小型の3類と摺鉢、碗は玉縁口縁と丸縁口縁の2類に分類される。

それぞれの器種の中で、甕は口径25～35cm前後の広口で、胴部はほとんど張らず、肩部で屈曲して、短く外反する口縁部となる。器高については完存品がなく、不詳であるが、50cm前後であろうと考えられる。口縁部を除いて叩き成形の後、ロクロ回転を利用して外面はヘラ削り、内面は粗くナデ仕上げされる。

壺A類は口径15cm・器高40cm前後で、平底、やや倒卵形の胴部から口縁部が直立、あるいは外反して立ち上がる。叩き成形され、その後にロクロ回転を利用した外面ヘラ削りや内面ナデ仕上げがなされるが、叩き目をそのまま残したものも多い。壺B類は壺A類よりもやや大型で、口径25cmほどを測り、口縁部が短く外反する。資料数は少なく、胴部外面には叩き成形痕が明瞭に残る。

壺C・D類は口径10cm・器高25cm前後で、壺A・B類に対して、小型・球形化している。底部は平底で、口縁部は大きく外反し、口唇部の形態に丸くおさめるもの、平坦に作るもの、やや誇張気味に下端を引き下げ、段をなすものなど、いくつかの種類がある。器内外面とも叩き成形の後、ナデ調整されるが、叩き痕跡が明瞭に残るものもある。壺C類とD類の違いは胴部上半部に波状沈線や平行沈線を巡らすかどうかで、この施文を持つ壺D類が従来、類須恵器と呼ばれていたものである。

鉢の大・中・小はそれぞれ口径35cm・20cm・10cm前後の大きさによって分類される。浅い体部から若干頸部が締まり、口縁部が短く外反する。叩き成形の後、器外面はヘラ削り、内面はナ

31

デ調整される。摺鉢は類例が少ないが，中鉢の器形で，内面に粗い摺目が施される。

碗は口径10〜15cm・器高6cm前後を測り，平底で，体部外面はヘラ削り，内面は叩き成形の後，ロクロナデ仕上げされる。玉縁口縁は粘土紐貼付によって作られる。

注口製品は長さ6cmほどの注口部が数例確認されており，これを付した製品の形態は不詳である。

これらの器種の中で，最も多く出土しているのは壺A・C・D類であり，これに大・中・小の鉢類と玉縁口縁碗が次ぐ。これに対して，甕や壺B類・摺鉢・丸縁口縁碗・注口製品などの出土例はかなり少ない。このことからすれば，カムィヤキ窯跡の主たる製品は壺であり，これに鉢や碗が付随していたことが知れる。しかし，これらの器種には出土した窯跡や灰原の層位などを基にした分析がなされているものの，器形・製作技法などによる窯ごとの明確な変化を見出すことはできない。

なお，これらの製品を焼成したカムィヤキ窯跡群の窯体については，第Ⅰ支群1・3号窯や第Ⅱ支群3号窯によって，その構造がほぼ明らかとなっている。これによると，窯は自然地形の傾斜に沿って，花崗岩基盤層を掘り抜いて構築された単室の窖窯で，イチジク形を呈する。幅1m前後の焚口から，これよりやや狭くなる燃焼部を経て，最大幅2m・長さ3m前後の焼成部があり，これに煙道が付設される構造である。焚口から焼成部までの床面はほぼ水平で，焼成部は30〜40°の傾斜を持ち，天井までの高さは1m以内である。

このような構造の窯は熊本県球磨郡錦町下り山窯跡群に類例が見られ，この中の1号窯跡ではカムィヤキ窯跡と同様に，玉縁口縁碗をはじめ，壺・甕・鉢などを焼成している。調査者[7]は玉縁口縁碗の形態は白磁の同種製品を模倣したものとし，九州における同種製品の流入時期を基にして，下り山1号窯の年代を11〜12世紀代に位置づけ，その中でも11世紀後半代の可能性が強いとしている。

カムィヤキ窯においては，第Ⅰ支群2・3号窯と第Ⅱ支群4・5・6号窯で熱残留磁気測定，第Ⅰ支群1号窯と第Ⅱ支群3・6号窯でC14年代測定が実施されている。この結果，熱残留磁気測定では12世紀中頃〜13世紀前半，C14年代測定で

はそれぞれ1050±45 Y.AD，1140±55 Y.AD，1210±130 Y.ADの年代が得られている。

発掘された窯体や灰原の切り合い関係は第Ⅰ群7基中4基において，明らかにされている。これによると7号窯→4号窯→6号窯→5号窯の構築順序となるが，先述したように各窯からの出土遺物には器形・製作技法などによる窯ごとの明確な変化は認められない。報告者も大まかに11〜13世紀の年代のみを提示するとともに，従来知られている類須恵器との施文技法の対比から，本窯跡群以外にも窯場があった可能性を指摘している。

3 今後の課題

南島考古学において，類須恵器が注目された背景については先述したが，近年ではその重要性がさらに高まっている。これは南島における中国産陶磁器の流入が12世紀後半以降であるのに対して，類須恵器は滑石製石鍋とともに，それ以前の段階でもたらされており，これと南島での狩猟・採集から農耕段階への移行は何らかの関わりを持つと推測されていることによる。また，類須恵器の分布範囲はそれまで交流のなかった琉球列島中部圏と南部圏一帯に及んでおり，これが後の琉球王国文化圏の基盤を形成することもある。

最近，赤司善彦氏[9]によって報告された太宰府や鴻臚館などで出土する高麗産無釉陶器との類似を含めて，これら類須恵器は10〜12世紀頃の東アジアの動きとも関わるような展開を見せている。

註
1) 国分直一「奄美大島の先史時代」『奄美―自然と文化―』九学会連合，1955
2) 拙稿「類須恵器出土地名表」『琉球大学法文学部紀要　史学・地理学篇』30，1987参照
3) 高宮廣衞「古墳文化の地域的特色　沖縄」『日本の考古学』Ⅳ，1966
4) 佐藤伸二「南島の須恵器」東洋文化，48・49，1970
5) 白木原和美「陶質の壺とガラスの玉」古代文化，29―9・10，1971，同「類須恵器の出自について」『熊本大学法文学部論叢』36，1975，同「南西諸島の類須恵器―シナ海半月弧文化圏―」えとのす，9，1978
6) 伊仙町教育委員会「カムィヤキ古窯跡群Ⅰ・Ⅱ」『伊仙町埋蔵文化財発掘調査報告書』3・5，1985
7) 熊本県教育委員会「生産遺跡基本調査報告書Ⅱ」『熊本県文化財調査報告』48集，1980
8) 赤司善彦「朝鮮製無釉陶器の流入―高麗期を中心として―」『九州歴史資料館研究論集』16，1991

特集 ● 須恵器の編年とその時代

須恵器の時代と様相

須恵器はどんな時代的背景を伴っており，国家とはどうかかわっているだろうか。名称や形についてもその意味を考えてみよう

律令制と須恵器／須恵器の古器名／様々なかたち

律令制と須恵器

大谷女子大学教授
中村　浩
（なかむら・ひろし）

須恵器が商品として流通していたかどうかは明らかでないが，地方官衙の要求に対しては他のものに優先した対応がとられていた

　古墳時代に半島から伝えられ，生産が開始された須恵器は，またたくまに全国にその消費地を広げていった。この状況は，単に製品のみの地方拡散にとどまらず，生産拠点の地方への拡大も伴っていた。

　かつて筆者は，この拡張過程をいくつかの段階に分けて検討したことがあり，基本的には現在もその発想は大過ないものと考えている。その大意は，生産の拡大という行為の背景には，多分に政治的要素が関係しており，いずれも中央政権との関連が認められるとした。この前提に立って，須恵器生産の開始段階から終末段階までの須恵器生産地域について，その成立の歴史的背景から5段階に分類したものである。とくに本稿とかかわりあるのは5段階の，律令制の浸透に伴う生産地の成立である。

1　律令制と須恵器生産

　律令制度の成立と展開は，中央集権体制の名実ともに完成することを意味する。従来の各地域の豪族の勢力バランスの上にあった，いわば見せかけの体制ではなく，政治，経済，文化の各分野においても中央政権の支配体制が浸透していることを示す段階である。

　この時期，期間の特定は考古学では困難であるが，文献史料からは，その先鞭として近江令が知られており，次いで飛鳥浄御原令の存在がある。両者の実効性については検討が行なわれなくてはいけないが，おおざっぱな年代として，持統朝，藤原宮成立段階を一応の先行段階と見ることができよう。7世紀後半以降を律令制成立期と，7世紀末期から8世紀前半を，その完成あるいは展開期と見ることができよう。

　この段階の須恵器生産を考える文献史料は乏しく，わずかに『延喜式』と各地の木簡による断片資料があるにすぎない。前者は延喜5年（905）に着手され，康保4年（967）に施行されたものである。内容は，律令政治社会のいわば理想を記述したものであるといわれる。しかし須恵器生産にのみ当てて考えれば，先の期間内には，主たる生産地であった和泉陶邑窯跡群をはじめとする全国の生産地では規模の縮小，あるいは生産の停止などの時期であり，その内容と一致しない部分が多い。すでに先学諸氏によって，各種の検討が『延喜式』については行なわれているが，必ずしも賛同し難い部分もあり，機会が与えられたこともあり，『延喜式』を中心資料として，律令時代の須恵器生産について若干考えてみたいと思う。

2 『延喜式』と須恵器

『延喜式』主計に見られる須恵器を調納する国としてあげられているのは，畿内では和泉，摂津の2国と畿外の近江，播磨，筑前，備前，讃岐，美濃の6国である。そこで生産された須恵器の種類は，多種多様にのぼっており，それらの器種や法量についての記述も見られる。

さて須恵器生産地として，先の8国についてみれば，その中心的な生産窯跡がどこであるのかは明らかにされていないが，この時期の代表的な窯跡群を示すと表1の如くとなる。さらにこれらの窯跡の成立年代を考えると，いずれも8世紀ではなく，7世紀以前に求められることがわかる。すなわち表1に見る各国は，奈良時代にはすでに生産が定着していた伝統的な生産地域であるともいえる。このほかにも多数の須恵器生産地域は知られているが，そこから須恵器が調として納められていないのは，当時の中央政府が伝統的な産地を重視したからである。この背景には安定的な供給を計ることが目的であったのかもしれない。

とりわけここで安定的な供給が求められたのは中央政府の所在地，すなわち平城宮あるいは平安宮であり，大宰府政庁がある。これらに加えてあえて範囲を広げたとしても京域に限定されていたと考えられる。さらに他の地域の政府機関にも供給したとすれば，ほかの地域の生産地も当然含まれており，それらが除外されているのは，一定地域のみが対象となっているからと考える。

すなわち，これらに登場しない主要な生産地は主として東国各地に多く見られる。例えば尾張は猿投山窯跡群や遠江湖西窯跡群，さらには多摩窯跡群，比企丘陵窯跡群など枚挙にいとまのないほどである。これらの傾向は東北地域も同じである。福島県会津若松市大戸窯跡群では，多賀城や胆

表1 『延喜式』にみる地域・国別生産器種数と窯跡群名

地域	国名	器種	窯跡群
畿内	摂津	5	三田末窯跡群
	和泉	31	陶邑窯跡群
東山道	近江	8	鏡谷窯跡群
	美濃	37	美濃須衛窯跡群・稲田山窯跡群ほか
山陽道	播磨	39	札馬窯跡群・相生窯跡群
	備前	30	邑久窯跡群
南海道	讃岐	18	陶邑窯跡群
西海道	筑前	5	牛頸窯跡群

表2 調納量にみる畿内と畿外

須恵器の種類		正丁1人当りの調納量	
名称	容量	畿内	畿外
池由加	5 石	1/8 口	1/3 口
甄	1石2斗（畿内）/1石5斗（畿外）	1/2 口	2 口
缶	5 斗	2/3 口	6 口
由加	1 石	1 口	4 口
爐堝	3 斗	2 口	8 口
洗盤	1 斗以上	8 口	12 口
平瓷	5 升	4 口	12 口
小甕	3 升	8 口	24 口
燈盞	2 合以上	50 口	200 口

沢城の須恵器の生産を行なっているし，瀬谷子窯跡群からは胆沢城，常陸国では，那珂川流域窯跡群から新治郡郡衙の製品供給を行なったことで知られている。限定的な需要をまかなうための産地の成立は主として関東，東北部では，奈良，平安時代に多く見られる。これらはいずれも官窯ではないが，その性格も帯びていたと見られる。

『延喜式』主計に見られる須恵器を調納する際の凡例，すなわち正丁1人当たりの必要量の記述の中に，後の各国にみられる調納量の記述にある器種との差異が見られる。これは両者の成立年代の差によるものと考えられる。その年代は器種の量の多い凡例部分，実際の調納付量の記述については，時期が異なる段階とみられる。

陶邑での分布数の時期的変遷をみると，当然のことながら，古墳時代の段階がもっとも多い。これは中央の生産地として確固たる位置を築いていた段階であり，この以降，各時期に各地域へ生産拠点が移動していった。また表2に見る調納付量の畿内と畿外の差は，すでに生産の衰退期に入っていた陶邑など近畿の須恵器生産を保護し，その安定供給を計ろうとしたことが推定されよう。

律令制の浸透は，単に政治的な支配関係の確立ばかりでなく，社会経済的な側面からの中央集権体制の受容を意味する。須恵器がほかの生産物と同様に，商品流通を行なっていたかどうかについては明らかにしえない。しかし少なくとも大量でかつ急速な需要が発生していた地方官衙の要求に対しては，それらの流通関係より先行した最大限の対応が要求されたと考えられる。

本稿では，木簡に見られる律令制時代の須恵器の実態については紙幅の関係から触れることができなかった。そこからは須恵器の実際面での流通の状況が浮かび上がってくると考える。

須恵器の古器名

大谷女子大学非常勤講師
井 山 温 子
（いやま・あつこ）

古器名の読み表記方法に関する問題点を上げ，そのありかた
から派生してくる須恵器の収取・生産段階での実態に触れる

　現在の考古学研究では，須恵器の器種は主に甕，壺，鉢，蓋，杯，皿類などに大別されている。また各器種はさらに形態によって細分化され，呼称されている。これら考古学で使用されている器名の中には，古代において実際に使用されていた器名（古器名）も含まれているが，一部には古器名として存在しても，その古器名の意味した器形と一致しない場合や，古代の器名としては使用されていない場合がある。それは中，近世に編纂された古辞書の解釈に基づく器名や，現代の器物に対する感覚が加味され，新たに作り出された名称が一部に含まれているからである。かといって厳密な編年作業や，複雑なデータ分析が進む中で，現在の器名を変更し古代の器名を使用することは，混乱を招くばかりで必ずしも有益とはいえないだろう。

　では，土器の名称とその器形を明確にすることの目的はどこにあるのだろうか。一つには古代人が器を区別するために用いた，歴史的な「分類基準」を明らかにすることだろう。またその上で古代の生活や祭祀習俗形態，さらには政治，経済的側面の分析上にその研究成果を活用することだと考える。このような研究過程上では，文献史料や金石文資料を慎重に取り扱うことが必要である。後述するように，古代においては，ある形態をもつ土器が，常時一つの器名で呼称されていたわけではなく，また史料の別によっても器名が異なる場合があると考えられるからである。

　従来，土器の古器名に関しては，数多くの研究[1]が行なわれてきており，本稿もこれまでの研究に負うところが少なくない。しかしこれまで，先のような点が必ずしも慎重に考察されてきたわけではなく，残された問題点も多い。本稿では，個々の古器名がどのような器形であるのかという，従来の考察方法をあえてとらずに，それを研究するために留意すべきと思われるいくつかの問題点をここで取り上げることにしたい。

　古器名の研究対象となる漢字表記の史料では，器に限らず物品名を表記する場合に，大別して二種の表記方法がみられる。表意の漢字で表記される場合と，音仮名で表記される場合である。表意の漢字による場合（例えば「瓶」「缶」「瓮」など）は，古代の読みが判明しない。同時代の，それも関連文書のなかで，表意と音仮名の漢字表記の書き換え（例えば「盤」が「佐良」[2]，「堹」が「佐良気」[3]と表記）が行なわれている場合には読みが明らかとなる（以下，古器名を意味する場合に「　」を付し，考古学上の器種を意味する場合には「　」を付さない）。しかしその器名の読みも，時代や史料の別で異なることもある。例えば「瓫」は『日本書紀』では，へまたはケと読まれている[4]。また『倭名類聚抄』（10世紀中頃編纂）では「盆」と同字とみてホトキ，ヒラカと訓じ，『新撰字鏡』（9世紀末編纂）『類聚名義抄』（12世紀頃編纂）ではホトキと訓じている。一方，『延喜神祇式践祚大嘗祭』では「淡路国所造瓫廿口。各受一斗五升。比良加一百口。各受一斗。」と記し，「比良加」と区別しているにもかかわらず，『延喜式』の諸写本ではホトキあるいはヒラカ，へ，の訓を付している。つまり表意漢字表記された一器名に複数の読みが存在し，またその読み（器の呼称）も史料や時代によって変化していた場合があるといえよう。

　逆に，一つの古器の呼称（読み）が複数の古器名をもって表記される場合がある。『新撰字鏡』にはモタイと訓ずる漢字として，「甀」「瓺」「罇」などが記載されており，またミカの訓をもつ漢字として「甕」「瓮」「甄」が上げられている。時代を経るに従い，わが国で漢字を活用して作られた国字（中国では使用されていない字）が使用され，このような器名表記の複雑化が見られたのだと考えられる。

　また現在考古学で分類されている一器種が，複数の器名をもっていたことも考えられる。これは器種として杯に分類されている土器に，「杯」だけでなく，「埦」「垸」と墨書された例のあること，また器種皿に「盤」「埦」と墨書され，ある

35

いは器種蓋に「盤」と墨書された土器の出土例[5]があることからも明らかであろう。このように器名を考察する際には，器名と器形との相互関係だけでなく，呼称（読み）との関係も考慮し，それらを歴史的にとらえて研究する必要があると考える。

次に音仮名表記の器名について考えたい。古代においては，器名は漢字表記と音仮名表記の両方用いられる場合が多い。しかし中には音仮名表記だけの器名，あるいは音仮名表記が多用される器名がある。たとえば「由加」や，『延喜式』『儀式』にみえる「等呂須伎」「多志良加」「比太為瓶」「都婆波」「巳豆伎」がある。古代においては，さまざまな物品名が，音仮名表記から表意の漢字で表記されていく傾向にあった。これは藤原宮木簡，平城京木簡にみえる水産物名の表記からも実証されている[6]。そのような傾向のなかで，これらの器が音仮名表記されているのも，何らかの理由が存在したからであろう。

まず「由加」については，『延喜式』によると1石〜5石の容量をもつので，器種としては甕に分類できる須恵器である。字義を利用した表意的用法で「斎甕」あるいは「游壏」（『倭名類聚抄』）と表記される場合もあるが，8世紀の史料や『延喜式』では「由加」と音仮名表記されているので，「由加」のほうが古い表記方法である可能性が強い。「由加」の器形は『延喜式』やその他の史料に記載された容量から考えると，「甕」や「甀」「罋」と区別できない。『延喜神祇式践祚大嘗祭』では，「神御に供ふべき雑器」の総称を「由加物」とし，『倭名類聚抄』では「由加」は「神語」とされているので，本来は祭祀，儀式用の甕が「由加」と呼称されていたと考えられる。しかし8世紀では，写経所などの官司においても「由加」が利用されていたことが史料上にみえるので，器名としては一般生活にも普及し，「甕」もしくは「甀」「罋」を意味する器名，あるいは呼称として用いられていたとも考えられる。

このほか音仮名表記の器名は，器形が明らかでないものが多い。容量より推察すると，「等呂須伎」（5升）は壺か鉢，「多志良加」（1斗）は小型甕か広口壺であろう。「都婆波」は『類聚名義抄』（書陵部本）によると「坩（都保）」の一名であるとされている。おそらくこれらの音仮名表記の器名も，器形としては表意漢字を用いた器名に分類す

ることも可能であったと考えられ，例えば「鉢」「壺」「瓶」という古器名で表記される場合もあったのではなかろうか。

また「多白髪瓶」「比太為瓶」といった，音仮名と表意漢字表記の器名を用いた古器名表記も史料上に認められるので，音仮名表記される理由は，おそらく器形の特徴ではなかろう。『延喜神祇式』にこれら音仮名表記の器名が多く記載されていることを考慮すると，「由加」と同じく祭祀，儀式に用いられる特別な器に対する，慣習的な呼称，表記方法であった可能性が強いと考える。このような古器名表記のあり方も，個々の器の性格を把握する上において無視できない。

以上のように現在の考古学で使用されている器種分類の基準とは異なり，古代ではある特定の器形に対して，器名や呼称，表記が定まっていない場合があった。また時代を経るに従い，器物に対する形の多様性を求める要求も強くなり，器種も増加していく傾向にあったと考えられる。とくに須恵器の場合には，金属製の器の模造品に対する需要が増加するにつれ，器形も多様化し，当然その器形を表現する器名も多くなっていったと考えられる。このような器名の曖昧さや増加は，中央で必要とする多種多様な器を，調や交易雑器として諸国より収取しようとしていた当時の為政者にとっては不都合なことであったに違いない。祭祀や官司の運営に必要な器の形や種類に関する中央の意向が正確に伝達されずに，諸国より必要な器物の収取ができないことも起こり得るからである。

このような不都合さをある程度補いながら，地方の特色を取り入れ，中央にとっては理想的ともいえる整備された収取のあり方が，『延喜式』に示されている。とくに『延喜主計式』や『延喜神祇式』に記載されている多くの須恵器の器名には，注目すべきものがある。

『延喜式』は延喜21年（921）に完成し，康保4年（967）に施行された式である。しかし施行後も，法的効力をあまり持たなかった。また『延喜式』に収載されている内容は，延喜以前のある時点において成立し，その後ある期間に効力をもった条文を網羅的に集成しているので，各条の成立年代は当然異なり，またその時期の決定は慎重に行なう必要がある。ここで問題とする『延喜主計式』には，調として諸国より収取される「陶器

（須恵器）」の器名が詳細に記載されている。その記載器名を大別すると，器の形態を示す形容（大，中，小や，平，高，深や有蓋，有柄など）を付加したものと，用途を示す形容（水，油，酒，塩，酢，菜，祭など）を付加したものとに大別できる。また容量も示されており，各国に課せられた器の形態は，『主計式』の詳細な規定によっておおよそ把握できる。

しかし『延喜式』にみえる多種多様な器名の具体的な器形を，現在の考古学上の法量分析によって決定していくことは，ある程度は可能であっても，完全には無理であろう。生産段階においては，いく種かの器形の生産が計画され，また生産器形が次第に増加する傾向にあったとしても，一器名ごとに一器形を作り分けるという作業は行なわれなかったし（『延喜主計式』では，用途を示す形容を付加した器名の器形は，器の形態を示す形容を付加したある器名に相当するという，おおよその見通しがたてられるが），その必要もなかったと考えられるからである。条文が成立した段階では，地方の生産の特色をある程度把握しているとはいえ，その目的は中央が必要とする，あるいは地方より収取しようとする須恵器の具体的な種類，個数を示すことにあった。つまり生産ではなく，収取に目的がおかれていたと考えるべきであろう。

したがって国衙における収取の段階では，中央の要求する条件にさえ合えば，一つの器形のあつまりを，要求された数種の「器名」にふりわける作業，たとえば甕を「由加」「瓺」として，あるいは壺を「祭壺」「酒壺」として，あるいは小杯を「塩杯」「油杯」として取り揃え，中央に納めることが当然のようにして行なわれていたことも考えられる。つまり『延喜主計式』では，もとより一器形に一器名を用いて規定しているのではなく，中央が収取しようとする，あるいは必要とする器名とその大きさを上げているにすぎないのである。『延喜式』のみでなく，古代の収取関係の文書には，生産段階での実態とは必ずしも即応しない性格の有することを考慮すべきであろう。

しかし諸国における須恵器の生産が，中央の需要を無視して行なわれていたのかといえば，決してそうではない。例えば『延喜神祇式』には，践祚大嘗祭に使用する神御雑器は，河内，和泉，尾張，参河，備前の国々より貢納することが記されている。その際には『延喜神祇式』に「凡応供神

御雑器者。^{神語日}由加物所司具注所須物数。預前申官。八月上旬差宮内省史生。遣五国監造。河内。和泉一人。尾張，参河一人。備前一人。到国先祓後始作。（以下略）」とあるように，貢納国に宮内省の官人を派遣し，生産を監督するように規定されている。また祓いを行なった後に始作せよとあるからには，おそらく践祚大嘗祭のためだけの限定生産であった可能性が強い。律令制下においては，調などの貢納物の未進，滞納の違反は国司に加責されるため，おそらく践祚大嘗祭の場合だけに限らず，須恵器の生産段階において，国衙や中央の官人が関与し，中央や国衙の必要とする器形，数量の生産管理が行なわれる場合もあったと考えられる。

以上，須恵器古器名に関する，いくつかの問題点を取り上げてきた。「陶器」「雑器」の貢納の詳細を記した，『延喜主計式』や『延喜神祇式』収載の条文の成立時期やその実効力に関しては，本稿の目的とは直接関係しないので触れなかった。この問題については，『主計式』に記された土器の法量より，奈良時代末期から平安時代初期に改変が加えられたとする説[7]もある。しかし個々の条文の成立年代の違いや，前述してきた8，9世紀における古器名に関する基本的な問題も関連すると思われる。今後の課題としたい。紙数上の都合もあり，細かい論証は省かざるを得なかった点をご諒解戴きたい。

註
1) 三宅米吉「上古の焼物の名称」考古学会雑誌，1―9・12，1987，高橋健自「上古の土器及陶器」考古学雑誌，3―11，1913，小林行雄・原口正三「古器名考証」世界陶磁器全集1，日本古代編，1961，末永雅雄「延喜式記載の土器」『魚澄先生古稀記念国史学論叢』1964，関根真隆『奈良朝食生活の研究』吉川弘文館，1969，西　弘海「奈良時代の食器類の器名とその用途」奈良国立文化財研究所研究論集Ｖ，1979，吉田恵二「『延喜式』所載の土器陶器」『小林行雄博士古稀記念考古学論考』1983
2) 『大日本古文書』5巻298頁，299頁
3) 『大日本古文書』14巻245頁，246頁
4) 『神武紀』戊午年九月条，および『仁賢紀』四年条
5) 『平城宮出土墨書土器集成』Ⅰ，Ⅱ，奈良国立文化財研究所，1983，1988
6) 小林芳規「字訓史資料としての平城宮木簡―古事記の用字法との比較を方法として―」木簡研究，5，1983
7) 前掲1) 吉田論文

様々なかたち
——特殊な器形の須恵器——

愛知県陶磁資料館
柴垣勇夫
（しばがき・いさお）

形の特殊ないわゆる特殊須恵器は20種以上あるが，須恵器生産に，
形や大きさの国家規制が働く前段階の現象ととらえることができる

古墳時代の須恵器は，朝鮮半島からの渡来人の生活習慣から生まれた器形がほとんどで，それまでの日本人の生活には見られなかった様々なうつわが登場した。須恵器生産が始まった5世紀前半代から中国文化の移入が顕著になる7世紀後半までは，伽耶や百済，新羅の影響の強い器形が日本各地に存在したのである。これらには，台付壺の肩に動物や人物の装飾を施したり，小壺を配したりしたものや，特殊な形をした容器，用途不明な器形など，様々なものがある。これらには，地域を限って存在するものや，広汎な地域に分布しながら数の極めて少ないものなどがあった。

これらのうち，壺の肩に装飾や小壺を配したものなどは，装飾付台付壺とか，子持台付壺などと呼称され，形の特殊なものは，異形須恵器とか，象形土器，形象土器と呼称されているが，研究者によってその使い分けは微妙に異なる[1]。いま，前者を装飾付須恵器と総称し，後者を特殊須恵器と呼称することとし，ここでは，特殊須恵器について述べる。

1 特殊須恵器の種類

特殊須恵器は，装飾付須恵器と共に，その大半が葬祭供献用のうつわである。もちろん集落跡からの出土も知られるが，それらは集落内での祭祀用器と考えられることが多い。出土例の大半は，古墳からの出土で，中には羨道先端部や石室前の祭壇と考えられる場所や，玄室内の一隅に敷石を置き，その上に設置されていた例もある。しかし，装飾付須恵器が常に豪族級の古墳への葬祭供献用として作られていたのに対し，特殊須恵器は，須恵器生産の開始期から6世紀前半頃までは，豪族級の古墳からの出土が見られるが，それ以後は一般富裕層クラスの横穴式石室墳，横穴墳からの出土例が大半である。

かつて，13～14種を特殊須恵器として掲げその分布を眺めた[2]ことがあるが，一種としてまとめたものにも実に多彩に作られていて分類はむつかしい。そこで，時代を追って現われる器種を大枠でとらえ，列挙してみることとしよう。

5世紀代から6世紀前半にかけては，1. **二重甑**，2. **二連甑（五連甑）**，3. **鈴台付壺（鈴台付椀）**，4. **鳥形甑**，5. **角杯**，6. **耳杯**，7. **双角付盌**がある。6世紀中ごろから7世紀代には，8. **角付盌**，9. **皮袋形瓶**，10. **環状瓶**，11. **三足壺**，12. **鳥形瓶**，13. **特殊扁壺**，14. **双口甑**，15. **鳥鈕蓋**（鳥鈕蓋は，台付壺に伴うもので，装飾付須恵器として扱うものであるが，鳥形瓶の分布と鳥鈕蓋の分布が極立った特徴を示すので，比較のため掲載する）が挙げられる。なお，これまで二連甑は，5世紀代のものが一例知られたのみで，五連甑も同様一例のみであったが，最近静岡市で7世紀代の二連甑が発見されたので，これを包括して二連甑をここに加えた。そのほか，一例のみの器種として，**樽形壺**（大阪），**円窓付壺**（愛知），**鹿把手付甑**（奈良），**台付瓢形壺**（富山），**亀形瓶**（福岡）などがある。また，古くから知られる**家形甑**（和歌山市六十谷出土）も屋根の上に口縁部を，建物側面に注ぎ口を作るという異例なものである。

以上のもののほか，馬とか船といった形象の土製品がある。これらは特殊品ではあるが，容器の役割をもっていないため，特殊須恵器とはしない。また，出土例の多い樽形甑，把手付椀は，5世紀代の通有の器種とも見られ，古墳や集落跡からの出土が認められるが，一応特殊須恵器の範疇で扱う。

2 特殊須恵器の用途

（1） 5世紀から6世紀前半の特殊須恵器

5世紀代の特殊須恵器の主体は，いくつかの種類の甑である。全国各地で，現在50例ほどの出土が知られる**樽形甑**は，初期須恵器の基本器種ともいうべきもので，大阪府陶邑窯（すえむら）でかなりの量が生産されていた。南は鹿児島から，北は福島県まで

の各地で出土している。集落からの出土例が多く，集落内での祭祀用容器という性格が強い。古墳からの出土例は10例前後と少ない。これに対し，二重甑（甑胴部を，二段透し入りのもう一重の胴部で覆うもので，両者の空間に土玉が入って鈴となっている）や，二連甑，五連甑（壺底部を環状管の上に乗せ，底部と管の双方を貫通させる孔を穿ち，管の中央に注ぎ口を穿つ），さらには鳥形甑（胴部が鳥形で，肩に方形の粘土を貼り付け羽を表現し，首部に注ぎ口を穿つ）などは，古墳被葬者用として作られたものと推定される。兵庫県加古川市印南野２号墳出土の脚付二連甑は，２個の甑の注口部を向かい合わせ粘土で覆い，一方の甑の肩にもう１個小口を穿ち開口させ，さらに中央の粘土張り付け部の前後に獣脚２個を付したもので，被葬者への供献具として特別制作されたものであろう。

　次に多いのが，鈴台付壺あるいは，鈴台付椀，さらには鈴付高杯といった類のもので，器形のどこかが袋状となっていて，土玉が入って鈴となっている。振ると金属的ないい音色を出す。飲食器の特殊器形である。

　飲器としてほかに，**把手付椀**や角杯がある。把手付椀は，ほぼ５世紀代に限られ，把手の接着部が蕨手状になっているものなどは，朝鮮半島伽耶地方の器形をそのまま踏襲している例である。初期ほど大振りで，初期須恵器の基本器種ともいえる。角杯は，北方騎馬民族の金属器がその原型とされるが，陶質土器製のものが朝鮮半島南部の古墳から出土していて，神酒を捧げる明器であるという。国内では６世紀前半代に集中して，18〜23cmの高さの大形品が豪族級の横穴式石室墳や，集落内では祭祀的場所から出土している。なお，数年前，愛知県豊田市梅坪遺跡から７世紀代の角杯が発見されたが，古い器形を踏襲しつつも，13.3cmと小形化している。

　盛る器として，耳杯と称する盤形の側面に方形の袖を付す特殊品が畿内に３例ほど知られる。中国古代の金属器や漆器に見られる器形で，漢代には緑釉陶の明器があるが，中国から朝鮮を経て伝わった容器と思われる。酒杯の用途もあるが，国内産は四足や台脚が付されていて和歌山市井辺八幡山古墳出土例が盤状部に鹿や鳥，犬を配していることからこれが盛る器であることが推定できる。このほか，２例の出土例がある双角付盤も供物を盛ったのであろう。

（２）　６世紀中ごろから７世紀代の特殊須恵器

　６世紀前半から中ごろ以後，全国的に見られる器種に皮袋形瓶がある。袋形提瓶とも呼ばれる，皮革製の液体容器を模したもので北方民族にその源流をもつ。これまで30例ほどの出土が知られるが，時代が下がるにつれ横長な器形へと変化する。５世紀末の，縫い目表現のないやや異質な例が福井県大飯町の集落跡から１例発見されているが，大半は，胴の一方に皮袋の縫い目を竹管文で表現した突帯がめぐらされた造作豊かなもので，群集墳中の中・小円墳からの出土が多い。

　朝鮮半島に原型を持つ飲器としての角付盆や液体容器用祭祀品の環状瓶もこの期に現われる。広島地方に分布が限定される環状瓶は，新羅・百済の横置きにした環状管に垂直に口頸部を付したものを原型にし，縦置の上部に口頸部を設けたもので，粘土を筒状にし，さらに環状に曲げて口頸部を付すという手の込んだ製作法をとっている。このほか，鳥形瓶や双口甑（胴の一方に並んで口を２つもつ）などの液体容器も古墳時代終末に作られている。

　特異なものに特殊扁壺と呼称している，提瓶形の胴の上部を大きく２つの弧状に削って口を作っているものがある。胴の扁平部両側に小円孔があき，棒ないし紐を通すように作っているが，用途は不明である。この種のものに扁平部の一方に竹筒状の把手を付した扁壺も香川・京都・滋賀で発見されている。

　そのほか三足壺（蓋付），四足壺，四足付高杯など供物容器がこの期の特殊須恵器の大半で，大形の貯蔵器や煮沸具の特殊品は見られない。したがって，特殊須恵器には，渡来人集団の故国での葬送習慣の中で用いられてきた祭祀容器そのものを物語るものと，時間を経るにつれ，それらと国内各地での生活習慣との融合の中で誕生したものとがあるといえよう。

3　特殊須恵器の分布

　これまで見てきた５〜７世紀の特殊須恵器が，初期は上層階級の葬送用に，後半期は一般富裕層の習慣的な祭祀具，葬送儀礼用に作られたと考えられるが，それらの器形は原形を朝鮮半島にもつものと，日本でその後生まれたもの，あるいは全国的に分布するものと地域を限って分布するものとがある。今その分布を眺めると次のような特徴

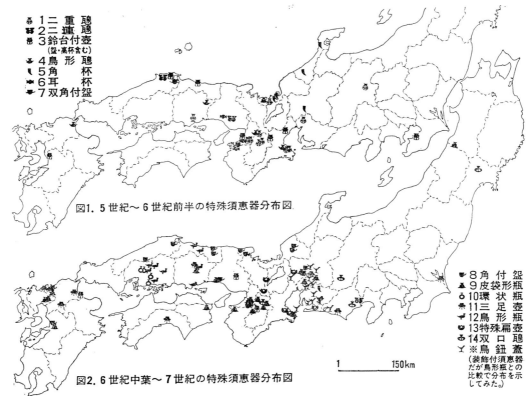

図1. 5世紀〜6世紀前半の特殊須恵器分布図

図2. 6世紀中葉〜7世紀の特殊須恵器分布図

がある。

（1）近畿地方に分布する特殊須恵器

図にみるように5世紀代の特殊須恵器は，圧倒的に畿内を中心とする地域に分布し，その外延地区である北陸，山陰さらに渡来人集団の多い北九州に鈴台付壺，鳥形𤭯，二重𤭯など，畿内と同種のものが分布する。また北陸には，6世紀前半に角杯が特別に分布している。これに対し，6世紀中ごろ以降は，皮袋形瓶や角付盌など他地域にもみられるものが地域的まとまりをみせつつ分布する程度となる。

（2）東海地方と中国地方の特殊須恵器

5〜6世紀代には渡来人集団の居住地域が近畿に多く，陶邑窯などの初期須恵器生産窯の製品を流通品として確保した地域が特殊須恵器の分布と一致するが，6〜7世紀に至って渡来人の各地への拡散が進む中でそれぞれの地での生活習慣と同化する中で誕生した器形がその後の特殊須恵器であろう。そうした中で目立つのが東海地方と中国地方である。東海地方では装飾付須恵器の類ではあるが，鳥鈕蓋が21例ほどあり，皮袋形瓶や𤭯の特殊品（双口𤭯，二連𤭯。他に肩にボタン状浮文を貼付した𤭯も目立つ）も数多い。これに対するように広島県を中心に環状瓶，鳥形瓶が，また山陰には角付盌が目立って分布する。東海地方の鳥鈕蓋が日本武尊の白鳥伝説と重なり死後の白鳥化に意味があるのに対し，中国地方の鳥は，死者への供物供給の使者という役割をもたせたのであろう。

4 おわりに

このように器種別を厳密にすれば，20種以上におよぶ特殊須恵器があるが，奇抜な器形がある以上，まだ今後に発見される可能性もある。古墳時代の特殊須恵器ほど，器の造形に対し人間の想像力がいかに豊かであったかを証明しているものはない。用途不明な特殊扁壺にしても，古代人の黄泉国での儀式ではおそらく具体的な用途があったのだろう。須恵器生産が国家規制される前段現象の一つが，特殊須恵器と思われる。

註
1) 後藤守一『陶器講座1』雄山閣，1935，小林行雄『図解考古学辞典』創元社，1959，楢崎彰一『日本原始美術6』講談社，1966，など
2) 拙稿「特殊須恵器の器種と分布」『愛知県陶磁資料館研究紀要6』1987

特集●須恵器の編年とその時代

生産地の様相と編年

生産地＝窯跡における須恵器はどんな様相を呈し，またどう編年づけられるだろうか。全国各地の最新の研究成果から検証しよう

多摩・比企／猿投・美濃須衛／湖西／陶邑／東播磨／牛頸

多摩・比企

国立歴史民俗博物館
酒井清治
（さかい・きよじ）

南比企と南多摩窯跡群はともに国府，国分寺へ供給していたが，前者は須恵器生産の体制のまま瓦の生産を行なった点に相違を認める

1 研究抄史

武蔵国における須恵器編年研究は，服部敬史，福田健司氏の一連の南多摩窯跡群を中心とした編年を軸に，「シンポジウム盤状坏」(1981)，「シンポジウム奈良・平安時代の諸問題」(1983)を経て進展してきた。中でも後者のシンポジウムでは，南武蔵と北武蔵の須恵器編年が併記された点で画期的であった。そこでの年代の根拠は，坂詰秀一氏によって調査された新久窯跡（あらく）A-1・2号窯出土瓦が，『続日本紀』の承和2年(835)に焼失した武蔵国分寺七重塔を，承和12年に前の男衾郡大領壬生吉士福正が再建を願い出て許された記事と符合するとしたことである。また，高橋一夫，宮昌之氏は，後に問題になる前内出窯跡（まえうちで）の2号窯が8世紀第3四半期後半ないし第4四半期前半，1号窯が8世紀第4四半期後半から9世紀第1四半期前半に位置づけ，年代指標に使われてきた。

その後，服部，福田氏は南多摩の須恵器編年について，灰釉陶器との共伴資料が増えていくに従い，年代の補強を灰釉陶器の年代に求めた。このため，灰釉陶器の年代観によって須恵器年代は微妙に動くこととなり，1986年，福田氏が修正案を出した。

一方，国分寺創建時の土器について，金子真土，河野喜映氏は，前内出窯跡の製品が該当するという見解を出した。その後，武蔵国分寺の調査においても証明されることとなり，『討論「奈良時代前半の須恵器編年とその背景―前内出窯跡その後―」』(1987)では，前内出1・2号窯とも国分寺創建時であると，渡辺一氏，筆者が埼玉側の意見として出した。続いて，渡辺氏は『鳩山窯跡群』をまとめ，南比企窯跡群の編年を提示した。

2 南比企窯跡群の編年について

南比企窯跡群（みなみひき）における歴史時代の窯跡については赤沼，熊瀬ヶ沢，亀の原，新沼，鶴巻，山田，虫草山，宮の前（まえ），金沢，小谷（こやつ），山下，日野原など40基ほど調査されてきたが，多くは未発表，あるいは図面の少ないこともあり，窯跡群を通観した編年は作成されなかった。埼玉県立歴史資料館が行なった分布調査においては7地区56支群が確認され，東日本最大級の窯跡群であることが再確認された。1984年から始まった鳩山（はとやま）窯跡群では44基が調査され，渡辺一氏によって，8・9世紀の須恵器編年が作成された。その特徴は窯式編年を取らず，時期区分することである。

渡辺氏によって作成された編年は，支群をまと

41

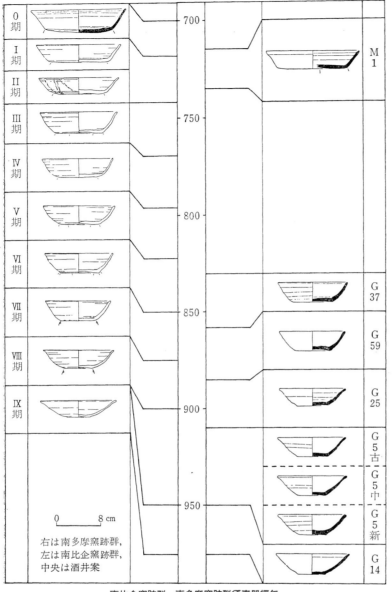

南比企窯跡群・南多摩窯跡群須恵器編年
（渡辺一1990，福田健司1986を引用改編）

まりとして、通して作成されている点で有効であり、この編年を使って述べていきたい。渡辺編年は、700年前後から900年前後の間を0期からIX期に分けられており、0期からII期までは20年弱、III期を20年、それ以降を25年とする。

まず、0期から検討してみよう。渡辺氏は霞ケ関16・92・128号住居跡を検討して、湖西産の底部が高台より出る「出っ尻」の高台付坏と畿内産暗文土器から、16・92号住居跡を8世紀前後とした。渡辺氏は後藤建一氏の湖西編年を援用し、霞

ケ関16号住居跡の湖西産須恵器を後藤編年IV期第1小期から第2小期に置かれたが、蓋の湾曲、坏部の腰の造りからも、第2小期から第3小期の間に置くべきであろう。やはり、渡辺編年0期は700年以降とすべきであろう。

渡辺I・II期の年代の検討材料は少ないので、III期から検討してみよう。この時期、国分寺創建期の土器については、①武蔵国分寺創建期の3段階の内、最初の1a期に属する溝SD72から口径13.8cmの南比企窯跡群産の坏が出土した。この溝は塔を囲う西辺の溝と判断され、溝および塔付近から、上野系の一本造り軒丸瓦が出土し、創建初期の遺構であることが判明した。また、溝SD72は次の1b期の中門、金堂、講堂の造営時に、埋め戻されていることからも初期の遺構と判断できた。②武蔵国分寺の造営に関連したと想定される武蔵台遺跡23号住居跡から、口径13.7，13.6cmの坏とともに天平宝字元年（757）と判明した具注暦の漆紙文書が出土した。暦の性格から短期間で廃棄され、漆紙として再利用されたと考えられる。③同じく武蔵台遺跡33号住居跡から出土した須恵器坏は15.5cmを測る。

国分寺は詔が出されたのち、いつから造営が開始されたのか問題である。すぐに造営が開始されたとすれば、741年近くに③がおかれ、①は有吉重蔵氏が述べるように1b期の開始が天平感宝元年（749）とすればそれ以前、②は758年頃と想定できよう。造営が遅れたとすれば、早川泉氏が述べるように③が750年前後とすることもできよう。筆者は、上野系一本造り軒丸瓦を通して、上野国との関わりから造営が早く行なわれたと考えてい

る。この時期が渡辺編年Ⅲ期である。

　渡辺0期を700年開始とし，Ⅲ期を741年直後の開始とすると，その間に渡辺Ⅱ・Ⅲ期の2時期を入れるのは困難で，合わせて1時期とすることも一案であろう。

　『続日本紀』による承和12年（845）の武蔵国分寺七重塔再建記事から，渡辺氏はⅥ期が塔再建前の須恵器のみを焼成した段階である八坂前4号窯並行，Ⅶ期の中に新久A-1・2号窯が含まれるとした。八坂前4号窯から新久A-1・2号窯は連続した段階と考えられることから，渡辺Ⅶ期の開始は9世紀第2四半期後半とするよりも，845年＋αを上限とすべきであろう。とすれば，渡辺Ⅲ期以降をⅥ期まで約25年強の幅で考えられよう。

　渡辺Ⅷ期の須恵器の特徴は，体部がそれ以前には直線的に立ち上がるものが膨らみを持ち，口縁部が外反する点である。

　渡辺Ⅸ期は鳩山窯跡群に資料がないため，境田1号窯を載せるが，小さな底部から直線的に広がる特徴を持ち，口経も大きいことから，Ⅷ期の体部が膨らみ，口唇部が外反する特徴とは連続せず，赤く焼けることからも南多摩G14窯式に並行する時期であろう。

3　南多摩窯跡群の編年について

　南武蔵においては，7世紀第4四半期の多摩ニュータウンNo.446遺跡の窯跡，8世紀第1四半期後半と考えられるNo.513遺跡の窯跡があり，両者とも東海地方との関わりがあろう。とくに後者は比田井克仁氏が検討したように国府へ供給された窯であろう。しかし，これらは窯式としてまだ設定されていない。服部，福田氏によって設定された南多摩窯跡群の編年は，M1窯式（百草・和田地区）→G37窯式（御殿場地区）→G59窯式→G25窯式→G5窯式→G14窯式である。

　まず，M1窯式であるが，特徴は坏身の口径は17cmを測り，底部静止糸切り離しを持ち，周辺箆削りする。蓋のつまみは環状になり，鳩山窯跡群広町9号窯に類似した内容で，渡辺Ⅰ期に該当しよう。その後，時期は離れるがG37窯式，G59窯式がある。この2窯式は国分寺塔再建瓦を焼成した東金子窯跡群の八坂前4号窯と新久A-1号窯にそれぞれ対応するとされてきた。東金子窯跡群では当初須恵器生産窯であった第Ⅰ段階，瓦塼生産窯の第Ⅱ段階，再度須恵器生産窯となった第Ⅲ

段階が設定でき，八坂前4号窯が第Ⅰ段階，新久A-1号窯が第Ⅱ・Ⅲ段階に該当するという。

　G37窯式が八坂前4号窯に並行することについては，問題ないといわれ，G59窯式については見解が分かれるところであった。1981年段階では服部，福田氏はG59窯式＝新久A-1号窯であったが，服部氏は1983年ではG59窯式を新久A-1号窯よりも1窯式後に持ってきた。1986年福田氏は再度新久A-1号窯に並行させた。G37窯式と八坂前4号窯には焼台の中に底部周辺箆削りを含み，口径に対する底径の比が1/2線よりも大きい点で同時期とするが，G37窯式の方が口径がおよそ1cm近く小さく，G59窯式も同様であることは，南多摩窯跡群が東金子，南比企窯跡群と比較して口径が小さいと考えるよりも，時期的にやや後出するとすべきではないか。すなわち，G37窯式は八坂前4号窯から新久A-1号窯にかけてで，G59窯式は新久A-1号窯と一部重なるものの，G59窯式から高台付皿が出土することからも後出するであろう。高台付皿は鳩山窯跡群広町5号窯からも出土することから，G59窯式は渡辺Ⅷ期と一部重複するであろう。

　G25窯式では，渡辺Ⅷ期の特徴であった体部が膨らみ，口縁部が外反する特徴が見られ，G5窯式まで連なっていくようである。G5窯式は他窯式と比較しても変化は少なく，服部・福田氏の考えよりも短いであろう。

　武蔵国の須恵器は基本的に700年頃にはすでに底部切り離しには回転糸切りを用い，轆轤右回転で，無高台の坏が主体を占める特徴を持ち変遷している。8世紀第1四半期に南比企窯跡群と南多摩窯跡群大丸窯は国府へ供給し，中葉には国分寺瓦を焼成したが，国分寺瓦の焼成を大丸窯では有段の瓦窯専用窯で行なったが，南比企窯跡群では須恵器窯をそのまま使用した。すなわち南比企窯跡群では須恵器生産の体制を保ちながら瓦の生産を受注したためそれを終えた後も続けて須恵器生産を継続でき，一大窯跡群に発展したのであろう。

主要参考文献

渡辺　一ほか『鳩山窯跡群』Ⅰ・Ⅱ，鳩山窯跡群遺跡調査会，1988・1989

渡辺　一「南比企窯跡群の須恵器の年代―鳩山窯跡の年代を中心に―」埼玉考古，27，埼玉考古学会，1990

服部敬史・福田健司「南多摩窯址群における須恵器編年再考」神奈川考古，12，神奈川考古同人会，1981

猿投・美濃須衛

文化庁美術工芸課
齊藤孝正
（さいとう・たかまさ）

猿投窯は5C中葉から10C初までの須恵器生産（I～V期）が認められ，美濃須衛は5C後半から10C前葉まで生産が行なわれていた

1 猿 投

愛知県尾張地方東部に展開する猿投窯は古墳時代・古代の窯跡約500基，中世の窯跡約500基を擁し，5世紀中葉から13世紀末まで生産が行なわれるが，須恵器については10世紀初め頃まで認められる。猿投窯編年は現在全体をI期～Ⅷ期に区分しているが，本稿では第I期から第V期までが対象となる。

第I期（5世紀中葉～6世紀初め）

長脚1段透高杯出現以前で集落址出土資料を含め5小期に区分される。

第1小期：猿投窯最古の須恵器は窯跡は不明であるが名古屋市・正木町貝塚，同・志賀公園から出土している。ともに口径12cm前後の羽釜形の杯身で灰白色の胎土を持ち体部下半から底部にかけて入念な静止ヘラ削りや弱い回転ヘラ削りを施す。志賀公園のものには体部に2段の櫛描波状文を施す。これらのものは胎土・形態・文様手法などから猿投窯の製品と考えられる。

第2小期（東山111号窯）：確認された窯跡としては最古のものである。須恵器では蓋杯，有蓋・無蓋高杯，高杯形・筒形器台，把手付椀，鉢，壺，甕，甑ほかが，土師器では台付甕が，埴輪では円筒埴輪が出土している。杯身で主体となるのは口径10cm前後の低く偏平な体部に長くほぼ直立して中央部が肥厚する立ち上がりを有し，端部は平坦に仕上げるが中央が明瞭に窪み，体部外面から底部に回転ヘラ削りを施す特異な形態のものであるが，小型の羽釜形に近いものや体部が強く張り出し，立ち上がりの端部を丸く仕上げたものもある。蓋は天井部がやや丸みを持ち，口縁部は比較的高くわずかに外に開き端部は平坦に仕上げ中央がやや窪み，天井部ほぼ全面に回転ヘラ削りが施される。その他有蓋高杯または羽釜形蓋の口縁部外面に櫛描波状文を施すものがあり，無蓋高杯の脚部には7・9～10方に透窓が見られ，壺には平行叩きの後指ナデやヘラによる凹線を施し，甕は

すべて外面は平行叩きで内面はナデ・スリ消調整を施すが，この手法が須恵器生産の最後まで継続して認められる。この時期の須恵器には一部に陶邑窯には見られない形態・手法が存在し系譜を考える上で貴重な資料を提供している。

第3小期（東山48号窯）：須恵器では蓋杯，有蓋・無蓋高杯，把手付椀，壺，甕ほかが，埴輪では円筒埴輪が出土している。蓋杯の主体となるのは蓋では口径13cm前後の平らで偏平な天井部を有し，口縁部は直線的でやや外に開き端部は平坦に仕上げるもので，杯身では体部が強く張り出し立ち上がりが内傾しつつ直立し端部を丸く仕上げる。ともに天井部全体と底部には回転ヘラ削りを施している。高杯脚部には推定7方の長方形透窓が穿けられる。

第4小期（城山2号窯）：須恵器では蓋杯，有蓋・無蓋高杯，鉢，壺，甕，甑，紡錘車ほかが，埴輪では円筒埴輪，朝顔形埴輪，形象埴輪が出土している。杯蓋は口径13cm前後で天井部が丸く明瞭な稜を有し，口縁部はやや外に開き端部を平坦に仕上げ外側で接地し中央がやや窪み，天井部に回転ヘラ削り調整が施される。杯身は口径12cm前後で底部が丸みを持ち，立ち上がりは端部を丸く仕上げるが内面口唇部に1条の沈線を巡らすものが多く，底部には回転ヘラ削り調整が施される。高杯は脚端部が山形に中央が突出縁帯を作り出すものが見られ，長方形透窓を4方に穿ける。

第5小期（東山11号窯）：須恵器では蓋杯，有蓋・無蓋高杯，器台，甕，壺，甕ほかが，埴輪では円筒埴輪が出土している。蓋杯は口径が最小となる。杯蓋は口径12cm前後で天井部は丸みを持つが頂部はやや平らになり稜を有し，口縁端部には段（稜）を作り出し平坦に仕上げるものや凹線状に明瞭に窪むものとなり，天井部には回転ヘラ削り調整が施される。杯身は口径10cm前後で体部がやや浅く底は平らで，立ち上がりは直線的にやや内傾し，端部は段（稜）を作り平坦に仕上げるものや凹線状に明瞭に窪むものとなり，底部には

回転ヘラ削り調整が施される。高杯は透窓を有する脚部では長脚化の傾向が見られ4方に長方形の透窓が穿けられる。端部はやや長く折り曲げた屈曲部に1条の凸線を巡らせ、幅が広く中央が突出する縁帯を作り出すものが主体となる。有蓋高杯では透窓を有するものはごく少なく、基部（接合部）径が細いものが主体となる。

　この第I期の須恵器窯は1〜2基が確認されるのみで、須恵器も集落址・古墳外部施設・祭祀遺跡（遺構）などから出土しているが、数量的にはそれほど多くはない。

第II期（6世紀前葉〜7世紀初め）

　長脚1段透高杯出現から、かえり付蓋出現以前で古墳出土資料を含め3小期に区分される。

　第1小期（東山61号窯）：須恵器では蓋杯、有蓋・無蓋高杯、器台、鉢、壺、甕ほかが、埴輪では円筒埴輪が出土している。蓋杯は口径が最大となる。杯蓋は口径16cm前後で、天井部は口径に対して比較的低く明瞭な稜を有し、口縁端部は内傾し中央がやや窪む段を作り出す。杯身は口径14cm前後で立ち上がりは比較的長く内傾気味に立ち上がり、口縁端部には内傾し中央がやや窪む段を作り出し、底部には緩やかな丸みを持つ。ともに2/3以上に回転ヘラ削り調整が施される。高杯の脚部は長脚で1段の長方形透窓が3方または4方に穿けられる。

　第2小期：良好な窯跡資料は無いが東山61号窯出土の新しい様相を持つものや、名古屋市・東谷山3号墳玄室奥出土の須恵器群が相当する。杯蓋は口径14〜15cm台で、天井部が丸みを持ち稜を有し、口縁端部に段を作り出す。杯身は口径12〜13cm台で、立ち上がりは高く直立気味で、口縁端部の段は不明瞭になり底部中央が平底気味となる。ともに2/3以上に回転ヘラ削り調整が施される。有蓋高杯の脚部には長脚1段で長方形透窓を3方に穿けるものと、長脚2段で長方形・三角形透窓を3方に上下直列や千鳥に穿ける。

　第3小期（東山44号窯）：須恵器では蓋杯、有蓋・無蓋高杯、提瓶、横瓶、平瓶、細頸瓶、鉢、𤭯、甑、短頸壺、壺、甕ほかが出土している。杯蓋は口径12cm前後で、天井部には丸みがあり明瞭な稜を有し、口縁端部は丸く仕上げるが内面口唇部には沈線状の凹線を巡らすものもある。杯身は口径11cm前後で底部中央がやや平底気味となり、立ち上がりは内傾気味にやや長くのび、端部は丸く仕上げるが、内面口唇部には沈線状に凹線を巡らすものもある。ともに2/3以上に回転ヘラ削り調整を施す。高杯は無蓋が主体となり脚部は長脚で2段に長方形透窓を3方（または4方）に穿けるものが多い。

　この第II期の須恵器窯は第1小期が9基、第3小期が6基確認され生産規模が大きく拡大する。この時期から尾張においても古墳の内部主体へ次第に須恵器が多量に副葬される様になり、住居址からの出土も増加する。群集墳の造営などに代表される新たな需要に対応したものと考えられる。

第III期（7世紀前葉〜8世紀前葉）

　かえり付蓋の出現から糸切り技法の普遍化以前までである。4小期（窯式）に区分される。

　第1小期（東山50号窯式）：須恵器には蓋杯、無蓋高杯、細頸瓶、台付長頸瓶、短頸壺、壺、甕ほかがある。この時期からつまみと内面に口縁部より突出するかえりを有する蓋と無台杯身の組合せが出現し、金属器を志向した椀・盤・皿や薬壺・円面硯なども同時に出現するが、杯類の主体となるのは従来の蓋杯である。杯蓋は口径11cm前後で明瞭な稜を有し口縁端部を丸く仕上げる。杯身は口径9cm前後で、立ち上がりもまだ比較的高く直立気味になり、器高もやや高いものである。ともに2/3ほどに回転ヘラ削り調整が施される。高杯は脚部が小型化し透窓も完全に開口しないものや形骸化したヘラ先による刻目となるものも見られる。この時期以降の甕には確実に鉄分の多い黄土を塗布し、黒褐色・暗赤褐色に発色したものが一部に見られるようになるが、出現時期はまだ明らかではない。

　第2小期（岩崎17号窯式）：須恵器では蓋杯、無台杯、有台杯、盤、高杯、円面硯、細頸瓶、鉢、短頸壺、薬壺、台付長頸瓶、平瓶、横瓶、甑、𤭯、器台、壺、甕ほかがある。この時期の前半において従来の蓋杯がごくわずかみられるのみで、口縁部までのかえりを有する蓋を伴う無台杯と、新たに有台杯が出現し、供膳用杯類へと大きく転換する。蓋杯は蓋は口径10cm前後で低く偏平で、稜は不明瞭になりわずかに1条の凹線が巡るものが少し見られるのみである。杯身は口径8cm前後となり器高も低く、立ち上がりも短く内傾気味となる。ともに2/3ほどに回転ヘラ削り調整が施される。高杯は短脚化し透窓を穿けるものは見られなくなる。無台杯は前半には主体となり、蓋杯の

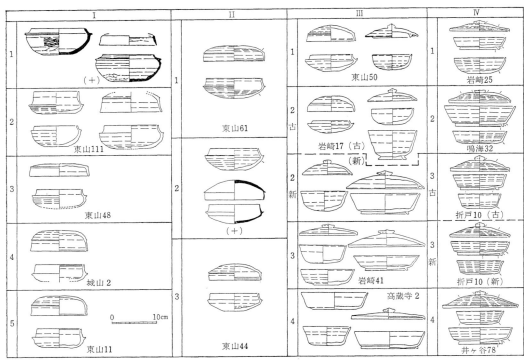

猿投窯Ⅰ～Ⅳ期杯類変遷表

身を逆転させたかのものと腰に稜を有するものがあるが，後半には稜が見られない丸底のものとなる。蓋のかえりは後半には短く退化したものとなる。有台杯は前半では高台が高く下端が外に大きく張り出して外に開き内端面で接地し，後半では高台は高く外に開くが下端は外に張り出さず内端面で接地するものである。これに伴う蓋は無台杯と同じである。

第3小期（岩崎41号窯式）：須恵器では無台杯，有台杯，高杯，盤，台付長頸瓶，細頸瓶，円面硯，鉢，壺，薬壺，平瓶，横瓶，提瓶，𤭯，甑，甕ほかがある。この時期から杯蓋のかえりは見られなくなる。無台杯は底部はやや丸みが残るが平底に近いものとなる。有台杯は高台がハの字形に外に開き下端接地面が平坦となる定型化したものとなる。杯蓋はかえりがみられず，端部を内方へ屈曲させ偏平な擬宝珠様のつまみを有し器高が低いものとなる。この時期ではまだ杯類における多様な法量分化は認められず，金属器を志向した器種も顕著ではなく，無台杯と有台杯が相拮抗する。

第4小期（高蔵寺2号窯式）：須恵器では無台杯，有台杯，高杯，盤，有台盤，托，台付長頸瓶，細頸瓶，横瓶，平瓶，水瓶，椀，鉄鉢，短頸壺，薬壺，鉢，甑，𤭯，器台，壺，甕ほかがある。有台杯は高台が底部端に付けられ腰に平坦面を作り出さないものである。無台杯は底部が平底となるものがほとんどである。無台杯，有台杯とも器高・口径により多様な法量分化をみせる。また明確に金属器を模倣した椀・蓋，鉢，水瓶などが一定量生産されている。

この第Ⅲ期の須恵器窯は依然として群集墳の盛行により生産を拡大し面的にも広がりを見せていくが，生産内容は供献用から供膳用へと大きく転換する。第2小期以降，さらに官衙・寺院を中心に在地の集落にも供給されるようになり生産規模が一気に拡大し，30基以上が確認される。第3小期以降，金属器志向と法量の規格性に基づく多様な器種分化に見られる律令的土器様式への展開を示し，第4小期がその到着点となる。

第Ⅳ期（8世紀中葉～9世紀初め）

糸切り技法の普遍化以後，灰釉陶器出現までの時期で，有台杯・無台杯・無台椀・有台盤と長頸瓶を主体とする生産に転換する。4小期（窯式）に区分される。

第1小期（岩崎25号窯式）：細頸瓶，提瓶，器台や金属器模倣の器種，杯類の法量分化の多様性などが見られなくなり，新たに長頸瓶，箱形無台杯，無台椀などが出現する。無台杯にわずかにへ

ラ切りが残るが，他の器種では糸切りが普遍化する。甕では従来の丸底から平底のものが出現し，第2小期以降は平底のみとなる。

第2小期（鳴海32号窯式）：台付長頸瓶，有耳壺，合子，ヘラ切り手法などが見られなくなり，有台梳，双耳瓶，三足壺，陶塔，ミニチュア品などが新たに出現する。杯蓋・盤の口縁端部はくの字形に折り返すものに，有台杯は腰の平坦面が明瞭なものに，箱形無台杯は底部から腰に回転ヘラ削りを施し，腰に明瞭な稜を有するものに定型化する。

第3小期（折戸10号窯式）：甑，高杯などが見られなくなり，宝珠硯，浄瓶などが新たに出現し灰白色の胎土に自然釉を意識的に掛けた原始灰釉陶器の生産が確立される。この時期以降，猿投窯の生産が爆発的に拡大し中心的な地位を確立する。

第4小期（井ヶ谷78号窯式）：三足壺，陶塔，ミニチュア品などが見られなくなり，長頸瓶などの瓶類において口頸部の接合が二段構成に転換する。杯蓋では鈕を持たず頂部を平坦にした無鈕のものが出現するが量的にはごくわずかである。杯類では箱形無台杯が主体となる。

この第IV期の製品は長頸瓶・水瓶・浄瓶・広口短頸壺（薬壺）・平瓶などに代表される原始灰釉陶器が都城を始め全国各地に供給されている。

第V期（9世紀中葉～10世紀前葉）

灰釉陶器の椀皿が出現する時期で，須恵器については終末期となる。猿投窯では灰釉陶器の生産を確立する最盛期となるため，須恵器生産は衰退に向かう。2小期（窯式）に区分される。

第1小期（黒笹14号窯式）：須恵器では無台杯，有台杯，無台梳，有台梳，有台盤，高盤，鉢，播鉢，甑，三耳壺，風字硯，壺，甕ほかがある。

第2小期（黒笹90号窯式）：須恵器では供膳具は見られなくなり無台梳，鉢，甑，壺，甕などの調理・貯蔵具の一部の器種に限定され，須恵器生産の終焉を迎える。

この第V期では灰釉陶器を導入して生産体制を大きく転換するとともに，各小期とも60基を越える窯が確認され古代の最盛期を迎える。このうち第1小期の前半では灰釉陶器の導入期のため須恵器生産が依然として半数程度を占めるが，周辺部などの窯では須恵器生産が主体となるものもある。同後半以降になると灰釉陶器生産が確立し須恵器生産は1割程度となり，灰釉陶器生産体制が確立される。

2　美濃須衛

須恵器編年は現在渡辺博人氏によりI～V期に区分されている。

第II期・後半（6世紀末～7世紀初め）

蘇原6号窯：杯身は口径10～11.5cm前後，杯蓋は口径11.5～13cm前後のものである。

第III期（7世紀前葉～7世紀末）

かえり蓋が出現し，生産体制が確立する。

前半（須衛65号窯）：かえり蓋は乳頭状の鈕を持ち，天井部には回転カキ目調整が施され丸みを有し，かえりは口縁部より突出する。

後半（那加5号窯）：蓋杯，丸底無台杯，平底無台杯，有台杯の4形式が並存する。かえり蓋はかえりが短く退化し，鈕も擬宝珠状のものとなり口径により2～3種に法量分化する。平底無台杯・有台杯の蓋は口縁端部をわずかに折り返すのみで擬宝珠状の鈕が付く。なお杯蓋には金属器模倣の蓋もわずかに存在する。

第IV期（8世紀初め～8世紀末）

かえりを有する蓋の消滅と口縁端部折り返し蓋と有台杯が盛行する時期で3小期に細分される。

第1小期前半（須衛9号窯）・後半（老洞1・2号窯）：大型の無台杯身・脚部の高い高杯・有台盤などの器種が出現して盛行する。有台杯では底部が高台から突出するものも存在する。杯類では無台杯が主体で口径・器高による多様な法量分化が認められる。後半では金属器模倣の器種が一定量存在する。

第2小期前半（稲田山15号窯）・後半（稲田山14号窯）：双耳杯・長頸瓶，高杯では長方形透窓を穿けるものが出現する。

第3小期前半（稲田山12号窯）・後半（稲田山13号窯）：片口鉢が出現し量産化に伴い様式化や装飾過多が進む。盤類では低い台部に透孔やヘラ描文様を施すものが出現する。窯が大型化し量産を志向した最盛期を迎える。

第V期（9世紀初め～10世紀前葉）

灰釉陶器の影響を受けて椀・皿が出現するが生産は急激に衰退に向かう。2小期に区分される。

引用・参考文献（拙文を除く）
渡辺博人『美濃須衛古窯跡群資料調査報告書』各務原市教育委員会，1984
渡辺博人「美濃須衛窯の須恵器生産」古代文化，40―6，1988

湖　西

湖西市教育委員会
■ 後藤建一
（ごとう・けんいち）

東海有数の湖西古窯跡群は 5 世紀末ごろから 9 世紀前半代に至る
まで長期にわたる間断ない操業が続けられ，I～Ⅵ期に分かれる

　湖西古窯跡群は，浜名湖の西岸地域に位置している。現在の行政区画では，静岡県湖西市と愛知県豊橋市東部に広がる丘陵地に分布している。浜名湖と三河湾に注ぐ河川によって南北に細長く浸食された丘陵地に，古窯跡200カ所余りが点在し，窯基数千基ほどを数える東海有数の大古窯跡群が形成されている[1]。確認されている最も古い古窯跡は，5 世紀末頃の明通り古窯跡で，田辺陶邑編年高蔵23型式[2]・中村陶邑編年Ⅰ型式第 4 段階[3]に平行する。周辺域の出土須恵器から，これより古い古窯跡が存在する可能性がある[4]。古窯跡群の終末は 9 世紀前半代にあるので，湖西古窯跡群は 5 世紀末頃からそれまでの長期にわたる間断のない操業を行なっていた。現在，350年間ほどの営窯期間に製作された須恵器は，ⅠからⅥ期までにまとめられ，それぞれがさらにいくつかの小期に分かれる構成となっている[5]。

　分布規模の推移は搬出範囲に比例するが，これを粗く素描すると（図 1 参照），5 世紀末から 6 世紀中頃までは浜名湖に注ぐ笠子川流域に点在し，小期ごとに操業地を変える零細な状況にあった。5 世紀末から 6 世紀前半（湖西編年Ⅰ期～Ⅱ期第 1 小期）までは，須恵器とともに須恵質埴輪も併焼しており，古墳との需給関係が指摘されているので[6]，搬出範囲は国造支配領域に止まるのであろう。6 世紀中頃（湖西編年Ⅱ期第 2 小期）から須恵器専用窯となるが，6 世紀後半代（湖西編年Ⅱ期第 3 小期）に至ると，笠子川流域の丘陵地ごとに 2 ないしは 3 カ所へ分布を広げる。この時期の製品は，国造支配領域を越えた律令制国領域に重なる東三河・遠江の群集墳や消費遺跡で確認される。6 世紀末（湖西編年Ⅱ期第 4 小期）から 7 世紀に入ると，分布は一挙に拡大し，操業の認められなかった丘陵地までにも及んでいく。分布の拡大と同時に搬出地域も拡大し，現在の静岡県・山梨県・神奈川県・東京都・埼玉県・千葉県・茨城県・栃木県・福島県・宮城県の東太平洋沿岸や大河川流域の遠隔地にまで及び，最北端は青森県八戸市で確認されている[7]。さらに分布域の拡大をみる 8 世紀前半（湖西編年Ⅳ期第 1・2 小期）まで，この状況は変わることはない。8 世紀中頃以降（湖西編年Ⅴ期）になると，急速に規模が縮小し開始当初の笠子川流域に収まっていき，搬出地域も律令制国領域の東三河・遠江に限られてしまう。

　6 世紀末から 8 世紀前半を除いた前後の時期は，数群の古窯跡の推移による分布状況を示し，

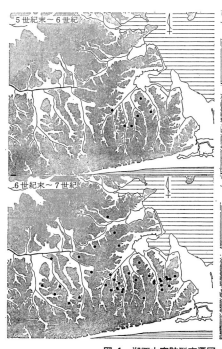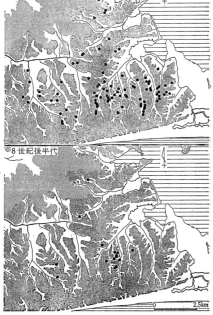

図 1　湖西古窯跡群変遷図（『古墳時代の研究 6』より）

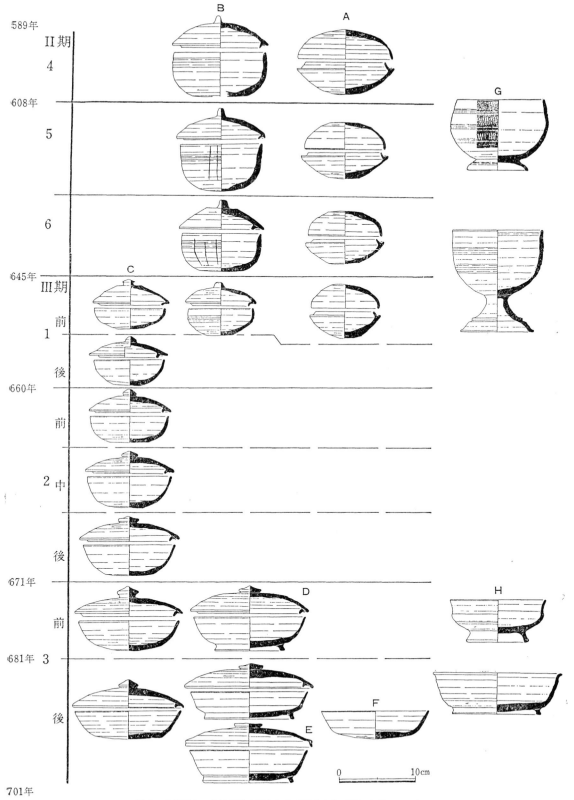

図 2　6世紀末〜7世紀代の形式および型式変化（引用文献より作成）

地方窯としてはごくありふれた様相である。しかし，6世紀末からのそれは，異常とでも言うべき突出した分布状況にある。変化は分布に止まらず，局部に階段を敷設する窯構造の成立やフラスコ形長頸瓶などに代表される新器種の出現にも及ぶ。この変化の契機は，内的要因に求められるのではなく外的要因，すなわち畿内政権の新たな東国施策の一環に求められる。それは，搬出地域が東太平洋沿岸諸国にあることからも傍証される。

　ここでは，広域圏を対象とした湖西古窯跡群が成立する，6世紀末から8世紀前半の蓋坏形式について述べておこう。

　蓋坏形式には，合子状蓋坏，乳頭状つまみのかえり付坏蓋，宝珠状つまみのかえり付坏蓋，かえり付坏蓋で高台付坏身との組み合わせ，端部折りの坏蓋で高台付坏身との組み合わせがあるが，それぞれを蓋坏A形式〜蓋坏E形式というように仮称しておく（図2参照）。型式変化は，各蓋坏形式ともに共通に法量値の縮小もしくは拡大によって推移する。すなわち，II期第4小期は口径12cmで，以後の小期では1cmごとに縮小しIII期第1小期には9cmと最小値となる。III期第2小期では，一転して前中後ごとに1cmずつの拡大傾向となるのである。

　6世紀末から7世紀代の蓋坏類の形式交代は，西氏が指摘したように「金属器指向型」の基調で推移する[8]。6世紀末以前から存続する蓋坏Aは徐々に法量値を縮小し，III期第1小期前には最小値となって生産を停止する。これに平行して金属器写しの蓋坏Bが存在するが，微々たる生産量である。金属器写しには無高台以外にも脚状の蓋坏Gが認められるが，これらも少量生産されたにすぎない。III期第1小期前になると，蓋坏B以外にも蓋坏Cや図示していない凹状つまみのかえり付坏蓋が加わり，蓋坏Aと肩を並べる生産量になる。III期第1小期後以降は，蓋坏Cと凹状つまみのかえり付坏蓋が主体になるとともに，一転して拡大傾向となる。III期第3小期前になると新たに蓋坏Dが登場し，蓋坏Dと新形式の金属器写し蓋坏Hに法量分化が認められ，蓋坏Eや坏Fが加わる第3小期後には，すべての形式に法量分化が採用される。IV期第1小期には，蓋坏Dは生産されなくなり蓋坏Eと坏が主体となる。

　これらの暦年代については，湖西古窯跡群が変貌するII期第4小期の始まりを，初めて東山・東海・北陸に使を派遣した崇峻二年（589年）に考えている。この時期は，飛鳥寺に代表される仏教文化の到来があるので，無論それらの影響を否定するものではないが，なによりも後日東アジアの国際情勢に大きな変化をもたらした隋が国土統一を果たした年でもあり，変貌の契機をそこに見出すからである。II期第4小期から第5小期を兵庫県箕谷2号墳須恵器の対比から[9]，III期第1小期の始まりを白石氏の年代観[10]，III期第2小期を飛鳥水落遺跡須恵器の対比[11]，III期第3小期前を浜松伊場遺跡木簡との共伴[12]，IV期1小期を静岡県上横山遺跡の平城宮Iとの伴出[13]によって，図示した暦年代を求めている。

　湖西編年と田辺・中村陶邑編年の相互関係に言及すれば，6世紀後半頃までは相違なく良く対応する。しかし，6世紀末〜7世紀後半，田辺陶邑編年TK-209〜TK-217と中村陶邑編年II-5〜III-1の時期に齟齬が生じる。

　　註
1）　静岡県教育委員会『静岡県の窯業遺跡』1989
2）　田辺昭三『須恵器大成』角川書店，1981
3）　中村　浩『和泉陶邑窯の研究』柏書房，1981
4）　浜松市教育委員会『伊場遺跡遺物編4』1987
5）　後藤建一「湖西古窯跡群の須恵器と窯構造」『静岡県の窯業遺跡』静岡県教育委員会，1989
6）　鈴木敏則「遠江の淡輪系埴輪」『転機』1990
7）　三辻利一「胎土分析」『古墳時代の研究6』雄山閣，1991
8）　西　弘海「土器様式の成立とその背景」『土器様式の成立とその背景』真陽社，1987
9）　大村敬道「兵庫県箕谷古墳群」月刊文化財，255，第一法規出版，1984
10）　白石太一郎「畿内における古墳の終末」『国立歴史民俗博物館研究報告第1集』国立歴史民俗博物館，1982
11）　奈良国立文化財研究所「水落遺跡」『飛鳥・藤原宮発掘調査概報12』1982
12）　川江秀孝「2. 静岡県下出土の須恵器について」『シンポジューム須恵器―古代陶質土器―の編年』静岡県考古学会，1979
13）　小山町教育委員会『上横山遺跡発掘調査報告』1983

作図引用文献
後藤建一「湖西古窯跡群の須恵器と窯構造」『静岡県の窯業遺跡』静岡県教育委員会，1989
湖西市教育委員会『吉美中村遺跡発掘調査報告書』1990
湖西市教育委員会『湖西一ノ宮工業団地内遺跡発掘調査報告書』1992

陶　　　邑

堺市教育委員会
■ 樋口吉文
（ひぐち・よしふみ）

陶邑は「中央窯」として日本最大の須恵器生産遺跡であり，5
世紀から9世紀に至るまで途絶えることなく操業が続いていた

1　陶邑の位置

陶邑（すえむら）は大阪府堺市・和泉市・大阪狭山市の丘陵地帯に展開する日本最大の須恵器生産遺跡である。その構成は約1,000基と言われる須恵器焼成窯址を中心に，陶器千塚をはじめとする古墳群，深田遺跡などの集積場としての性格をもつものを含む集落址を包括する複合遺跡群である。うちその中核を成す須恵器焼成窯の分布においては，西から陶器山（MT）地区・高蔵（TK）地区・富蔵（TM）地区・栂（TG）地区・大野池（ON）地区・光明池（KM）地区・谷山池（TN）地区の7地区に区分され，さらに森氏においては，陶器山地区の北西部を西除川をもって丹比・狭山地区として分離されている[1]。

2　陶邑での既往の編年

陶邑においては，日本最大の須恵器生産地として，また全国規模で須恵器を供給した「中央窯」との認識のもと，現在までに多くの先学諸氏により編年作業がなされている。なかでも森浩一氏[2]・田辺昭三氏[3]・中村浩氏[4]の三氏においては，現在の須恵器研究の指標となるものを提示されており，また現在の須恵器研究は，この三氏の業績の延長線上でなされていると言っても過言ではない。その中で本稿で陶邑の様相と編年について，新たに詳細な様相と編年案を提示することは，限られた紙面と，今の私の力では不可能である。よって本稿では，前述した先学諸氏の業績に従いながら，既往の陶邑編年が内在する問題点を素描することで御寛容いただきたい。

3　様相と編年

以下，陶邑の様相と編年について素描するにあたり，前述した先学三氏を含め，既往の編年においては，その型式設定および指標に，相違点が多多認められるため，以下の記述においては一応中村氏の陶邑編年（陶邑・Ⅲ）に準拠して進めること

としたい。

Ⅰ型式

須恵器が陶邑において生産が開始された段階から，その生産が確立され拡大の方向へ向う段階で，その指標として短脚1段透し高杯があげられる。この段階においては，まずその生産がどのように開始され，日本最大と形容される，大須恵器生産地へ発展していったかという問題がある。この問題については，別項で詳細に論じられるとのことであるので，本稿では深く立ち入らない。ただ，この問題にかかる最古型式の窯址については，石津川流域を中心に複数確認されており，また現在も新たな窯址が確認されつつあり，その数がかなりの数にのぼること。TK73号窯を始めとする当該期の多くの窯址が，第3段階すなわち須恵器製作技術が確立される段階まで操業していたことなど，陶邑がその成立段階よりすでに「中央窯」としての方向を歩んでいた可能性が高いことが指摘される。

ついで，須恵器が陶邑で名実ともに確立されたとされる第3段階については，陶邑の生産も安定しその操業窯も増加の傾向をみせるが，その展開は，前段階と同じく泉北丘陵の限定された範囲に拡大するだけであった。それが第4段階にはいると，従来不適と言われていた洪積段丘面上の，深井幡池遺跡などで窯址が確認調査され[5]，Ⅱ型式第3段階に最大となる爆発的ともいえる拡大が，この段階より始まっていることが最近の調査で判明しつつある。このことより，日本最大の須恵器生産地と形容され，全国規模でそれを供給した名実ともに「中央窯」と位置づけられる陶邑の確立は，第3段階よりも第4段階に求められ，それはまたⅡ型式の大量生産体制の萌芽ともいえるものである。

Ⅱ型式

群集墳築造の隆盛に伴う需要に応えるべく，古墳祭祀用土器としての面が強調され，その生産が最大限に拡大する段階で，その指標として高杯の

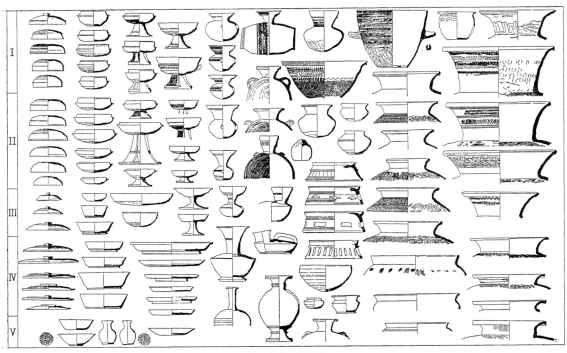

陶邑出土の須恵器

長脚化と、𤭯口頸部の長大化などの形態変化と、提瓶などの新たな器種の出現があげられる。また蓋杯においては、第3段階を最大とする器形の粗大化とその後の縮小化、および調整の簡略化が進行することがあげられる。それに対し貯蔵形態の甕においては、これとは対称的に総体的な形態の変化が認められ、この段階の須恵器の変化がもっぱら供献土器に限られることが指摘され、このことがまた、この段階の性格を物語っているとも言える。

この段階の陶邑の操業状況については、Ⅰ型式段階に操業されていた大野池地区でほとんど操業されなくなる。それに対応するように、Ⅰ型式段階では操業されていなかった泉北丘陵東部の谷山池地区で100基弱の窯址が、また泉北丘陵前面の広大な洪積段丘面上への拡大展開がⅡ形式第3・4段階を最大限として進行する。それは、地方窯成立の拡大とともに、群集墳の築造にともなう需要に対応するための生産拡大の結果と考えられる。それはまた陶邑においては、石原町遺跡で見るごとく、洪積段丘面上へ展開したその最先端では、構築開刻谷斜面では比高差を確保できないため、盛土をしてまで傾斜面を確保し構築するほどの、爆発的とも言える拡大を指摘しうる。

また、洪積段丘面上に展開する須恵器生産関連遺跡においては、東海地域で見られる円窓付土器（甕）や泉北丘陵地帯の窯跡ではほとんど見られない甑など[8]、地方窯でより一般的な器種が見られる。このことは、この段階における陶邑から地方への拡散とあいまって、陶邑においても畿内の爆発的とも言える需要拡大に対応すべく、成熟した地方窯からのフィードバックも考慮されることを指摘しておきたい。

Ⅲ型式

須恵器が群集墳築造の隆盛に伴う古墳祭祀土器としての性格が薄れ、日常什器としての性格が強まる段階で、器台・高杯・𤭯・提瓶などの古墳祭祀土器が順次姿を消すのに対応して、盤・皿・平瓶・長頸瓶などの供膳土器や円面硯・鉄鉢形鉢などが出現、あるいは一般化する。

また、蓋杯においては本型式の指標とされる宝珠つまみと高台の出現がある。これについては、田辺編年Ⅱ期のTK209型式とⅢ期のTK217型式のそれぞれに、たちあがりを持つ蓋杯と共存重複して提示されていることに代表される、両者の共存重複関係が問題となっている。これについては、形態だけを見た場合、確実に共存重複するが、技法的に見ると直前段階の、たちあがりを持

つ蓋杯の最終段階のみを検出したTK79号窯で省略化されていた蓋杯天井部および底部の回転ヘラケズリ調整が，TK217号窯段階の窯址では再度施工されていることが指摘される。このことより，両者の差は単に宝珠つまみを付けるか付けないかの違いであり，技法の面で見た場合，宝珠つまみと高台の出現に代弁される，この段階の変化は時間的な重複は別としてかなり明瞭な画期点として把握され，その変化の背景には，新たな渡来陶工の参入と金属器の模倣，あるいはその影響が考慮されよう。

　また陶邑のこの段階の操業においては，床の補修痕が少なくなることより，短期操業になるとの見方があるが，Ⅲ型式以降の窯における補修は，天井部に貼壁をし床面を除去するものが一般的となるものであり，その補修回数も20枚を越すものがある。また灰原での検出遺物もⅣ型式のものを含むことが多いことより，この段階の操業期間がかなり長期にわたることが指摘される。また窯の分布においては，洪積段丘面上に展開する窯址が皆無に近くなる一方，他の地域では窯址の急速な減少が見られるものの継続して操業されている。

　ともあれ，この段階の須恵器は，古墳祭祀土器から食器へという需要の変化に対応する，器形・器種における大きな変化が認められる。しかし，その生産は，操業地域に大きな変化がなく，また本型式の操業窯址も型式内で完結するものがほとんどなく隣接型式に跨がるものである。このことより，本型式は古墳時代の須恵器から律令時代の須恵器に移行する過渡期としての段階としてとらえられるものである。

Ⅳ型式

　Ⅲ型式に始まった日常什器としての性格が土師器との対等な組み合わせのものと確立される段階である。その指標として蓋内面におけるかえりの消失があげられる。

　この大区分型式について，田辺氏は『須恵器大成』において，ⅢとⅣ期の間に設定していた画期点を「須恵器生産の展開全体からみて，それ程に強調できる内容のものではなく，むしろ8世紀中葉から後半にかけての一点をあらためて画期点と評価する」として否定されている。

　しかし，縮小傾向が見られたⅢ型式からこの段階に入ると，それまで操業していなかった丘陵奥部にも拡大展開し，器種の多様性と生産量の両面

にわたって最後の生産の盛期をむかえる。また質的には，須恵器が土師器と対等に税の対象として扱われるごとく，律令体制下での価値体制にもとづく需給関係のもとでの生産が進行する。よって，本型式については，Ⅲ型式に始まった変化が質・量ともに成熟し，土師器との対等な組み合わせのもと，律令体制を支える手工業として，自立脱皮する段階として画期を認めるものである。またⅢ型式段階からの地方窯でよく見られる瓦陶兼業窯は，陶邑では明確に知られず，陶邑がより純粋な形で，須恵器専業形態を保っていることが指摘される。

Ⅴ型式

　5世紀から若干の消長はあるものの途絶えること無く続いた陶邑の操業が終りを迎える段階である。その指標として糸切底の出現があげられ，また普遍的に製作されていた蓋杯が消滅し，それに替って食器としての椀が出現する。

　この段階では，型式において2段階に細分され，窯址においても高蔵・陶器山地区で数基の窯址を確認するにとどまり，その生産が極端に少なくなる。それに対し，文献においては，この段階の出来事として『三代実録』貞観元年(859年)の「陶邑の薪争い」が有名である。この生産の盛期ではなく，陶邑の操業が急速に縮小し終わりを迎える時期に起こったこの事件の背景には，光明池に代表される灌漑施設の整備による丘陵奥部への耕地開発の進行と，他の競合産業，すなわち白炭を中心とする炭生産の台頭が考慮されよう。

註
1)　森　浩一ほか「古墳文化と古代国家の誕生」『大阪府史』1，大阪府，1978
2)　森　浩一「和泉河内窯の須恵器編年」『世界陶磁全集』1，小学館，1958ほか
3)　田辺昭三『陶邑古窯址群』Ⅰ，1966
　　田辺昭三『須恵器大成』角川書店，1981ほか
4)　中村　浩『和泉陶邑窯の研究』柏書房，1981
　　中村　浩ほか『陶邑』Ⅰ～Ⅲ，大阪府，1976～78
5)　堺市教育委員会「深井幡池遺跡発掘調査概要報告」『堺市文化財調査概要報告』31，1992
6)　和泉丘陵遺跡分布状況調査会『和泉丘陵遺跡分布調査報告書』1977
7)　堺市教育委員会「石原町遺跡発掘調査報告」『堺市文化財調査報告』40，1989ほか
8)　堺市教育委員会「陶器・小角田遺跡Ⅱ発掘調査報告」『堺市文化財調査報告』38，1988ほか

東 播 磨

西脇市教育委員会
■ 岸本一郎
（きしもと・いちろう）

東播磨は初期須恵器生産の可能性が高い古墳時代以降の生産地であ
るが，さらに平安時代後期に出現する特異な窯業生産も注目される

東播磨は播磨のうち，加古川および明石川流域の地域で，古墳時代以降中世までの窯業生産を連綿とたどることができる。

現在，東播磨で確認されている最古の須恵器窯は，明石川流域の赤根川・金ケ崎窯[1]，鴨谷池D地点窯，藤原橋窯で，陶邑Ⅱ型式1〜3段階に併行する。しかし，姫路市宮山古墳出土の陶邑にはない型式の初期須恵器杯群や蛍光X線分析により推定された，加東郡地域での陶邑産でない初期須恵器の存在などから，初期須恵器を生産した窯が東播磨に存在する可能性は高い。

後期群集墳の盛行期になると，明石川流域では先の鴨谷池窯のほか，高丘古窯址群でも生産が始まる。また，加古川流域へも生産が拡大し，下流域の野村窯，中流域の童子山窯，北垣内池窯ほか5窯（Ⅱ型式4〜6段階）が相次いで築窯される。これら古墳時代の窯址出土の須恵器の編年研究は，上月昭信[2]によって基礎が固められ，山田邦和[3]がⅢ期9小期の編年に発展させている。

白鳳期になると，先の高丘窯が最盛期を迎える。また，加古川下流域の野新村窯，白沢窯，加古川中流域のOK23号窯，TE1・2号窯，吉馬32号窯でも生産が展開する。とくに吉馬32号窯は，中村浩[4]の調査によって，Ⅱ型式からV型式にわたる須恵器を同一箇所で築窯を繰り返して生産していたことが確認され，今後の編年研究に果たす役割が大きい。なお，これらの加古川下・中流域の生産地は奈良〜平安末期にかけて，それぞれ札馬古窯址群，東播北部古窯址群と呼ばれる大生産地に発展する。

奈良時代には高丘窯での須恵器生産は衰退し，その中心は先の2大生産地へ集約される。平安時代の9世紀代に須恵器生産を行なった窯は畿内周辺では極めて少ないが，札馬古窯址群では逆に最盛期を迎える。札馬古窯址群は周辺の投松，野尻，白沢などの窯址群のうち最大のもので，約50基の窯址が発見されている。これらの窯址群は上月昭信[5]が研究の基礎を固め，中村浩[6]が多くの窯址の発掘調査を通して，札馬Ⅰ〜Ⅲ型式の編年を行なっている。それによると，生産の最盛期に当たる札馬Ⅱ型式は，蓋杯の蓋からツマミが消失し，陶邑では見られない型式となっている。

10世紀中ごろになると，器種構成に大きな画期が起こる。すなわち，蓋杯の蓋が無くなり，杯に代わって椀が出現し，椀・鉢・甕・壺・小皿を中心とした民間雑器に変質するのである。この段階の札馬は衰退に向かうが，東播北部古窯址群では爆発的に生産が拡大する。本古窯址群は，19支群204基の窯址が確認されている播磨最大級の生産地で，その基礎資料を整理した岸本一郎・森下大輔[7]は本古窯址群の操業期間（10世紀中葉〜13世紀前半）を3段階に編年して，その変遷を述べている。

平安時代後期の11世紀中ごろ，瓦とともに東播系須恵器と呼ばれる製品を生産した窯址群が東播磨南部に出現する。三木，神出，魚住の諸窯である。これらの諸窯の成立起因は，すでに明らかにされているように，播磨国司が院の行なう造営事業に瓦を寄進し，その成功によって国司の重任などを受けるという，受領国司の極めて個人的な欲望による。三木古窯址群は約50基，神出古窯址群は約100基，魚住古窯址群は約50基の窯が推定され，それらの調査と研究は，真野脩[8]，森田稔，丹治康明，大村敬通・水口富夫[9]，山仲進・神崎勝[10]らによって進められている。そのうち，森田[11]は神出窯の成立以降を3期（Ⅶ期〜Ⅸ期）6段階設定し，その変遷を述べている。それによると，11世紀中ごろに須恵器工人を編成して瓦生産が開始され，11世紀末から12世紀後葉にかけて神出窯，魚住窯で瓦生産の最盛期を迎えるが，院の権力低下により瓦生産は漸次衰退する。かわって須恵器工人は片口鉢・甕を特産化し，海上交通を利用して広く九州から関東にまで販路を広げるが，三木窯は12世紀末に衰退，神出窯も13世紀末には衰退して，生産は製品輸送に便利な魚住泊を控えた魚住窯に集約される。しかし，15世紀代になって，備前焼，丹波焼などが流通するころに

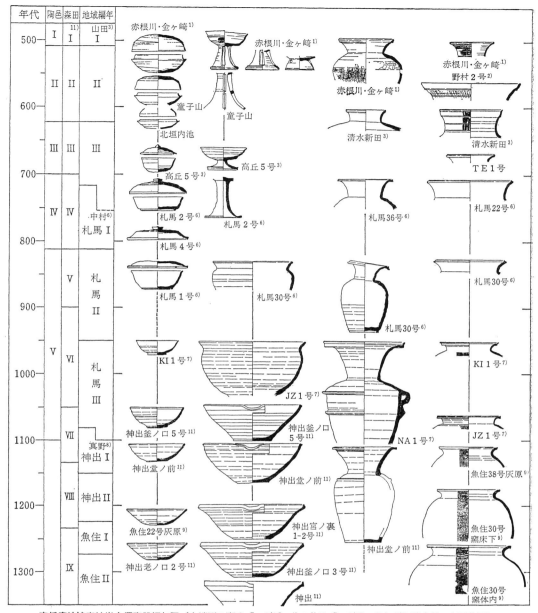

東播磨地域窯址出土須恵器編年図（右端列の甕は S＝1/16，その他は S＝1/10。それぞれ註文献より再整図）

は，魚住窯での生産も衰退に向かっている。

　以上，東播磨における須恵器生産の変遷を現象面から概観したが，より詳しい状況や生産背景については，それぞれすぐれた研究があるので，参照していただきたい。

　註
1) 山下俊郎・稲原昭嘉・松村朋世『赤根川・金ヶ崎窯跡』1990
2) 上月昭信「播磨の須恵器生産」鹿児，100，1984
3) 山田邦和「播磨の須恵器生産」『鴨谷池遺跡』1986
4) 中村　浩『社・牧野』1990
5) 上月昭信「兵庫県南部の窯業生産遺跡」(1)(2)，考古学ジャーナル，216・220，1983
6) 中村　浩『札馬古窯跡群発掘調査報告書』1982
7) 岸本一郎・森下大輔「東播北部古窯址群の基礎資料」『播磨考古学論叢』1990
8) 真野　修「魚住古窯址群考」1・2・3，歴史と神戸，18−1・18−3・21−5，1979・82
9) 大村敬通・水口富夫『魚住古窯跡群』1983
10) 山仲　進・神崎　勝『神出1986』・『神出Ⅲ』1989-90
11) 森田　稔「東播系中世須恵器生産の成立と展開」神戸市立博物館研究紀要，3，1986

牛　頸

大野城市教育委員会　春日市教育委員会
■**舟山良一・平田定幸**
（ふなやま・りょういち）（ひらた・さだゆき）

> 300基以上の窯跡から成る福岡県の牛頸窯跡群はⅢA期（6
> 世紀中頃）からⅦ期（8世紀）までの操業が認められている

　牛頸窯跡群は福岡県大野城市大字牛頸，上大利を中心に北は春日市，東は太宰府市の一部を含む東西4km，南北4.6kmの範囲を占める大窯跡群である。すでに発掘調査された窯跡だけで200基を越えており，未調査や消滅したものも含めれば300基以上の窯跡から成るものと考えられる。

　出土須恵器については，1970年に小田富士雄氏らの研究によってⅢA～Ⅴ期の編年が示されている[1]。ⅢA期は陶邑のⅡ型式2段階，Ⅴ期は同じくⅢ型式1段階に当たる。しかし，出土須恵器は8世紀後半のものまであり，これは小田氏の北部九州須恵器編年のⅦ期に当たる。したがって，牛頸窯跡群出土須恵器はⅢA～Ⅶ期に分類されることになる。通常この編年が使用されており，全体の流れに大きな変更は必要ないと考えられるが，検討すべき問題も発生しており，現状について述べたい。なお，小論は窯跡群が3市にまたがっていることもあって，太宰府市教育委員会の城戸康利，中島恒次郎，山村信栄氏の協力を受け，春日市教育委員会の平田，大野城市教育委員会の舟山がまとめたものである。

1　須恵器の分類

ⅢA期

　現在までのところ野添6号窯跡出土須恵器が標式とされる[2]。杯蓋を見れば天井部と体部との境に沈線を持ち，口唇部には段が付く。ヘラケズリはていねいで，口径は14cm以上のものが多い。杯身は立ち上がりが高く，口唇部に段を持つものと丸く終わるものがある。内面底部に同心円の当て具痕を有するものが多い。高杯は有蓋と無蓋とがあるが，脚部は前代から長脚化が始まっており，当該期は完全に長脚となる。野添6号窯跡の場合，透かしは1段のものと2段のものがある。𤭯は口頸部が大きく開き，胴部径より口径の方が大きい。口頸部の段は比較的明瞭である。甕は大きいものは口縁部に段を持ち，小さいものは丸く終わる。大甕の頸部は沈線によって上下に区画さ

れ，波状文を施す。

ⅢB期

　当該期には窯の数が増加する。ただし，1地点に複数の窯が造られることはなく，単独で存在する。この時期の蓋杯はⅢA期に見られた外面の沈線が消失し，全体に丸くなる。また，杯身も含めて口唇部内面の段および沈線も見られなくなり，丸く仕上げられる。さらに内面の同心円の当て具痕もほとんど見られなくなり，ヘラケズリの範囲も狭くなる。また，口径も前段階に比べ小型化の傾向を示す。杯身の場合は立ち上がりがより低くなり，内傾して外反気味となる。高杯には有蓋，無蓋があり，蓋杯同様に小型化が認められ，無蓋高杯の杯部に見られた刺突文などの装飾性はしだいに省略されている。脚部は長脚で，3方2段透かしのものが一般的である。ただし，透かしの貫通していないものもすでに見られる。𤭯は体部が縮小して頸部の付け根が著しく細くなり，口頸部が大きく開く。頸部と口縁部の境は段をなす。甕，とくに大甕の頸部には粗雑化した波状文も見られるが，これに代わって斜行連続文が主体的となっていく。

Ⅳ期

　当該期には窯の数が飛躍的に増加する。また，最も大型となって全長15mを越えるものも現われる。この期の須恵器は器形，器種ともに前代とあまり変わらないが，器形の小型化，ヘラケズリの粗略化がその特徴として上げられる。また，Ⅳ期は蓋杯の大小とヘラケズリなどの技法の粗雑化を指標としてA・B2小期に分けられているが，蓋杯は直線的に小型化するとは限らない事象が確かめられつつある。ヘラケズリはその範囲がより狭くなり，粗雑化する。そしてこの期の後半にはヘラケズリをしないものが現われる。ただし，この場合ナデなどの調整は行なう。杯身は立ち上がりがさらに低く，かつ内傾する。杯蓋同様，後半にはヘラケズリしないものが現われる。そしてこの頃蓋受けのない杯身とかえりを持った杯蓋が出

牛頸窯跡群の編年表

現する。ただし，通常Ⅴ期とされる杯身に比べだいぶ丸味を持つ杯身である。牛頸では小田浦40-Ⅰ号窯跡でこの時期の良好な資料が出土した[3]。同窯跡の最終床面上で二つのタイプの蓋杯がまとまった形で発見され，同時焼成されていたことが確認されたのである。

その他の器種では，高杯には有蓋，無蓋とがあるが，無蓋高杯の比率が高くなっていく。この期の中で有蓋高杯が姿を消すと考えられるが，その時期はまだ明言できない。𤭯は頸部の付け根が一段と細くなり，胴部にあけた円孔の粘土塊が外に出せずにそのまま焼き固まって振ると音の出るものがある。また，立ち上がりのないⅤ期の杯身を大ぶりにしたような椀（口径11cm前後で器高7〜8cmのものが多い）が現われるのもこの時期と考えられる。さらにごく少数ではあるが，高台付きの杯も見られる。

Ⅴ期

古墳時代的な器種が消滅していく時期である。前代まで主流を占めていた蓋杯は姿を消し，Ⅳ期後半に現われた身受けのかえりを持つ蓋と立ち上がりのなくなった杯身のセットが主体となる。ただし，杯身はより角張った形となり，蓋とともにやや厚くなる傾向がある。蓋は宝珠型のつまみを持つものが多いが，ないものも相当数ある。したがって，丸味のある蓋杯の場合，蓋か身か迷う場合がある。これらの口径または最大径は10cm以下で，つまみの付く蓋の天井部を除いて通常ヘラケズリしない。高杯は無蓋のみとなり，器高が8〜9cmと最小になる。また，脚端部などの作りに典型的に現われるが，極めて粗略な作りのものが多い。𤭯は口頸部の段が消えかかっているようなものが見られるが，数そのものも減少してきて，次のⅥ期には見られなくなる。その他，小型の壺などが見られるが，この期の窯跡は非常に少なく，良好な資料は意外に少ない。

Ⅵ期

古墳時代的な器種が姿を消して，後の奈良時代へ続く器種が登場し主流を占めていくようになる時期である。小田氏らは福岡県南部筑後地方の八女窯跡群出土須恵器を主に杯蓋の形態から，かえりがまだしっかりしているA式，かえりが退化したB式，かえりがなくなって口縁部付近で急に折れ曲って直角かそれに近い角度の口縁を形成するC式があって，A→B→Cの順に変遷するとされている。しかし，牛頸の数多くの窯跡調査によれ

ば，C式の杯蓋はかえりのあるものと共伴するものと思われる。また，C式と次のⅦ期の境もやや不明瞭である。Ⅵ～Ⅶ期の編年は八女窯跡群出土須恵器で行なわれたもので，牛頸ではいくつかの編年案が出されているのが現状である。しかし，北部九州全体としてはⅥ，Ⅶ期に編年されているので，それに従って記したい。

杯蓋については前述のとおりだが，つまみは前代に比べて偏平さが増すが，中央は高く突き出る。この期にはつまみのない蓋もある。杯身は高台が付くが高く外へ踏んばる。また，形態的には体部中位で屈曲するものから，外上方へ直線的に開く深みのあるものへの変化が見られる。杯蓋，杯身ともに前代より法量が大きくなり，杯身の口径は14cm台になる。高杯は矮小化の極に達した前代に比べ，一転して大型化へ向かう。杯部はやや角張って深みのある皿状を呈し，短脚である。甕，提瓶は作られなくなったと考えられるが，平瓶は残る。単独で出土した場合は時期の比定に困るであろう。また，矮小化しながらも横瓶も出土する。ただし数は少ない。

なくなった器種にかわって現われるものとして，長頸壺，丸底気味の鉢，皿，盤，平底の杯，硯などがある。また該期にはヘラ記号を付した土器がほとんどみられなくなる。

窯跡としてはⅣ期まで見られた15mを越えるような大型のものはなくなり，5～7m，あるいはそれより小型のものとなる。また，煙道も多孔式のものと円筒形のものの両方見られるが，多孔式のものは姿を消していく。

Ⅶ期

近年の調査成果を取り入れて前半，中頃，後半に分けて述べたい[4]。

前半の蓋についてみれば，かえりは完全に消失する。口縁端部の形態については垂直に折り曲げるものが多いが，短くて断面三角形状を呈するものや折り曲げ方が顕著でないものなどもあって多様である。傾向としては折れ曲げ方の長いものから短いものへの変化は認められる。つまみも一様

ではないが，径が大きく相対的に中央の突き出るものが古く，ボタン状のもの，扁平で中心部だけが突き出るものが新しい。天井部外面はヘラケズリする。杯身は器高が高く深みがあり高台も高く外へ開くのが古い。その他の器種として，蓋を持ち，肩が張る短頸の壺，まだ平底気味の鉢などがある。高杯は杯部が大きく浅めとなる。

中頃になると，杯身では浅めとなり高台もやや内側に付きかつ低くなる。杯蓋は相対的に低くなるが口縁端部の形態は多様である。また，法量についてはより分化する時期と考えられる。その他の器種として，杯端部が垂直に立ち上がる高杯，これには長脚で大型のものと，短脚で小型のものがある。他に，肩の位置が前代よりやや下がった壺，長頸壺，尖底となった鉢（鉄鉢），角張った鉢，皿，高台のない杯などがある。

後半になると，杯身では高台が端部に付いて体部と一体となったような形態となる。杯蓋は浅くてつまみ径が小さく，口縁端部が丸く終わるようなものとなる。高杯の形態はそれほど変わらない。その他，高台の付かない杯，皿，壺などがある。

2 絶対年代

現在考えられている年代としては，ⅢA期が6世紀中頃，ⅢB期が6世紀後半，Ⅳ期が6世紀末～7世紀初め頃，Ⅴ期が7世紀前半，Ⅵ期が7世紀後半，Ⅶ期が8世紀である。Ⅶ期の前半，中頃，後半はそのまま絶対年代にも当てはまると考えたい。また，現在のところ牛頸窯跡群の操業年代が8世紀代で終了するか，9世紀まで入るかは決めがたい。

註
1)『野添・大浦窯跡群』福岡県教育委員会，1970
2) 註1)に同じ
3)『牛頸小田浦窯跡群』大野城市教育委員会，1992
4) 川述昭人・森田　勉「須恵器について」『牛頸窯跡群Ⅱ』福岡県教育委員会，1989 などを参考にした。

特集●須恵器の編年とその時代

消費地の様相と編年

古墳や宮都などの消費地における須恵器はどんな様相を呈し，どう編年づけられるだろうか。最新の研究成果から各々検証する

古墳と須恵器／平城京と須恵器／平安京と須恵器

古墳と須恵器

早稲田大学大学院
■ 余語 琢磨
（よご・たくま）

古墳から出土する須恵器は使用者の意識がうかがえるものであり，須恵器生産の様態に何らかの影響を与えていたとみられる

1 多様な出土様相

兵庫県加東郡の小丸山（こまるやま）1号墳[1]（口絵参照）は，横穴式石室内における遺体火化で注目される径約18mの円墳であるが，陶邑（すえむら）編年Ⅱ型式4〜5段階を中心とする須恵器の出土状況は多様である。2つある横穴式石室のうち，火化にともなう天井の崩落により後世の攪乱をまぬがれた第Ⅰ主体部から，①玄室奥壁側から大量の蓋杯・有蓋高杯・土師器壺・土師器椀，②玄室中央部から蓋杯・椀・鉢，③袖部から脚付椀・提瓶，④羨道部から蓋杯・椀・脚付椀・提瓶・壺が出土している。また石室外では，⑤墳丘盛土内から𤭯（はそう）・壺，⑥墳丘上から壺・破砕された甕片，⑦第Ⅰ主体前庭部から杯・高杯・壺・𤭯・装飾付器台，が出土している。

これらをみると，多様性のなかにもその出土位置と器種構成に一定の傾向をうかがうことができる。埋葬施設内では，玄室中央より奥側（①・②）は蓋杯・高杯・椀を，袖部から羨道にかけて（③・④）は提瓶・脚付椀を，埋葬施設外（⑤・⑥・⑦）は器台・甕・𤭯をその特色としている。これは葬送の執行者による偶発的または恣意的な行動の結果ではなく，当時の古墳における祭祀のあり方と密接に関連している。

須恵器の消費地として古墳をみる場合，その性格は他の消費地と一線を画している。古墳から出土する須恵器は，偶然の要素で混在したものを除けば，その古墳の被葬者の死を契機としてはじまる広義の葬送儀礼のなかで何らかの役割を負わされたものであり，当時の人々の死に対する観念やその解決法を反映したものと考えられる。このような視点から古墳出土の須恵器をみるとき，その器種・形態・出土位置などの諸様相から，使用者の意識を理解することが求められるのである。土器のあり方からうかがえる後期古墳の葬送儀礼の展開は，白石太一郎氏の考察を嚆矢とする諸先学の研究[2]によりしだいに明らかとなりつつある。

一方，須恵器の生産には高度に習熟した技術を必要とし，その生産は一部の技能者のもとに行なわれるため，ある程度画一化された形態や法量の時期的な特徴をもって編年研究の対象とすることが容易である。須恵器の型式学的編年研究には，生産の現場である窯跡出土資料が最も適しているとの指摘は再三なされているが，古墳から出土する須恵器も間接的に生産の状況をあらわしていることはいうまでもない。ただし，生産地と古墳の間には用途の特殊性，地域性，流通経路，使用時

間幅といったさまざまな問題が介在するため，古墳という特異な消費地における編年の取り扱いに際しては，慎重な検討が必要とされるのである。

2 埋葬施設外の須恵器

大阪府藤井寺市の野中古墳[3]は，一辺28mをはかる方墳である。墳頂部からは陶邑編年Ⅰ-1〜2段階の器台・高杯・壺などが大量に検出された。また福岡県甘木市の小田茶臼塚古墳[4]は全長55mの前方後円墳であるが，地元朝倉郡小隈窯産と陶邑窯産が混在するとみられる大甕・器台などの初期須恵器が，後円部の前方部側より破砕された状態で出土している。鹿児島県大崎町の横瀬古墳[5]は全長129mの前方後円墳で，後円部に竪穴式石室をもつ。周溝内から出土した器台は伽耶系陶質土器と国内製品が混在したもので，後者には大阪府河南町の一須賀2号窯出土資料に類似する点円文やヘラ書きの鋸歯文がみられる。やや後出の三重県安濃町の平田35号墳[6]は平田古墳群中最古のもので，木棺直葬の主体部をもつ一辺約12mの方墳である。西側周溝内からは，土師器の高杯や坩などとともに陶邑編年Ⅰ-3段階の蓋杯・𤭯・把手付椀・壺・器台・大甕が出土し，大型品は破砕された状態であった。遺物は3群に分かれて出土し，須恵器広口壺・器台と高杯，甕と高杯・杯・把手付椀，𤭯と高杯がそれぞれセット関係になっている点が注目される。

須恵器生産の開始段階から埋葬施設外での使用が認められるこれらの事例は，前期古墳における土師器の使用法や器種構成と共通性がみられる。須恵器出現以前の古墳においては，主体部から土器が出土することは稀であり，主体部上の墳丘面，造り出し・くびれ部，墳頂・墳丘の周縁部など，埋葬施設外からの出土が一般的である。器種構成は，主体部上（墳頂部）が壺・器台・高杯・坩・甕，くびれ部や墳頂・墳丘の周縁部は穿孔された壺を中心とする場合が多いようである。千葉県長生郡の能満寺古墳[7]は，全長約70mをはかる4世紀後半の前方後円墳であるが，後円部墳頂の木炭槨直上において壺・高杯・器台などを打ち割って埋納しており，同様に使用後の土器が意識的に破砕された例は他にも多い。

上述したように，埋葬施設外出土の須恵器は，古墳での専一的使用を特徴とする器台や壺・甕などの器種を中心とし，またその多くが破砕されている点で，土師器にみられる儀礼用仮器の使用や儀礼後の継続使用の禁忌と軌を一にしている。これは，小林行雄氏が指摘されるごとく[8]，弥生時代の墳墓における飲食物供献儀礼の系譜をひく埋葬後の墓前祭に須恵器がとり入れられたためと推測される。この段階の様相には，飲食物などの供献による死者の魂の慰撫と，使用土器の破砕による死の汚れや危険からの忌避の2要素が矛盾することなく併存している。

このような祭祀のあり方は，6世紀前半の木棺直葬墓である奈良県橿原市新沢千塚333号墳[9]において，器台・壺とともに𤭯や蓋杯などを充填した焼成後穿孔の甕が墳丘から出土した例や，6世紀末の前述小丸山1号墳第Ⅰ主体前庭部の例など，後期古墳においても一般的にみられ，5世紀中葉以降における横

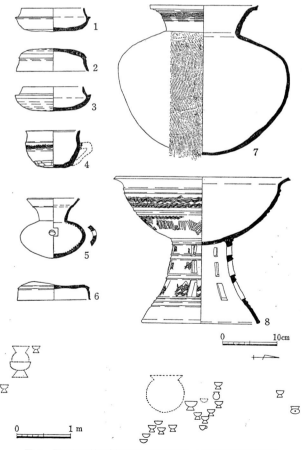

図1 平田35号墳西側周溝出土須恵器および周溝祭祀復原図
（報告書より）

穴式石室の導入や群集墳の盛行という古墳の変革に応じて，祭祀の場所を前庭部に移すなどの柔軟な対応をみせながら継承されてゆく様子がうかがわれる。

3 主体部への搬入

前期古墳ではほとんど認められない埋葬施設内への土器の搬入も，須恵器生産の開始と相前後して認められるようになる。前項の野中古墳では，墳頂部下方の木櫃部から鉄鏃・甲冑とともに舶載品と思われる陶質土器（把手付壺と蓋）が出土し，本来棺蓋の上におかれていたものと推測されている。同じく陶質土器・初期須恵器が主体部内から検出されたものとして，大阪府高槻市の岡本山Ａ3号墳[10]がある。墳形は明らかではないが，木棺直葬の墓壙内より出土した高杯・𤭯・広口壺・器台のうち，とくに高杯は伽耶系の要素が濃い。前方後円墳の可能性が指摘される兵庫県加古川市の印南野2号墳[11]の竪穴式石室からは，馬具・武具・農工具類とともに陶邑編年Ⅰ-2～3段階に相当する高杯・𤭯が出土している。しかし，これらの埋葬施設内出土例は，陶質土器・初期須恵器を出土する古墳のうちわずかな割合をしめるにすぎず，後出段階における主体部内への土器の大量搬入と比較すると，特異な印象を否めない。須恵器導入期における埋葬施設内への副葬は，その希少性が宝器ないしは愛用品としての価値を生んだ結果，もしくは，福岡県甘木市の池の上・古寺両墳墓群[12]で考察されたように渡来系氏族が朝鮮半島における習俗をそのままもち込んだ結果，とするのが妥当であろう。

前出の平田35号墳に後続する平田18号墳は，横穴式石室の前段階とされる竪穴系横口式石室を主体部とする径約12mの円墳である。石室内には鉄鏃・鉄製刀子・滑石製臼玉・土製丸玉が検出されているものの土器類はみられず，墳丘上や閉塞石直上から陶邑Ⅰ-5～Ⅱ-1段階の蓋杯・高杯が出土している。同古墳群において埋葬施設内への土器の搬入が開始されるのは，さらに後続する平田17号墳からである。17号墳は右片袖の横穴式石室をもつ径約18mの円墳で，玄室床面より陶邑Ⅱ-1～2段階の蓋杯・高杯・壺・短頸壺が検出されている。石川県能美郡寺井町の和田山古墳群[13]においても，須恵器使用の最古段階で

ある22号墳（甕，陶邑編年Ⅰ-2段階）より，全長56mをはかる前方後円墳である5号墳（甕，同Ⅰ-3～4），4号墳（杯・高杯・𤭯，同Ⅰ-4），高杯・器台・脚付壺の周溝内供献状態で注目される23号墳（高杯・𤭯・器台・広口壺・脚付壺，同Ⅰ-5）を経て2号墳（同Ⅰ-5，Ⅱ-1）に至るまでは，須恵器の使用が墳丘上や周溝などの埋葬施設外に限定されるのに対して，6号墳（同Ⅱ-1～2）の段階になると埋葬

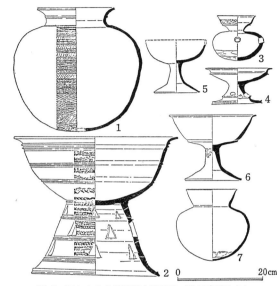

図2 岡本山Ａ3号墳出土須恵器（註10文献より）

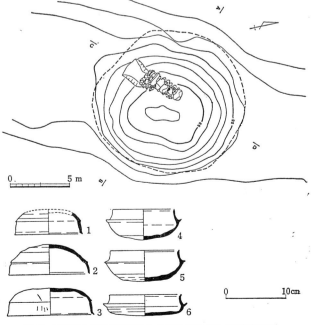

図3 平田18号墳墳丘測量図および出土須恵器（報告書より）

施設内への搬入が行なわれるようになる。同様な傾向は木棺直葬墓を中心とする古墳群でもうかがわれ，奈良県御所市の石光山古墳群や新沢千塚古墳群における主体部墓壙内への搬入は，陶邑Ⅰ-5～Ⅱ-1段階をその初源としている[14]。須恵器の本格的な埋葬施設内への搬入は，陶邑編年Ⅰ-5～Ⅱ-1段階を画期として一般化すると考えられる。

このような須恵器の使用法の変化は，新しく大陸・朝鮮半島から流入した「黄泉国」のイデオロギーにもとづくものという白石氏の見解がある[15]。一方，土生田純之氏は「ヨモツヘグイ」や「コトドワタシ」儀礼は，横穴式石室における追葬の一般化にともなう死穢観から発生したもので，その確立は6世紀中葉をさかのぼることがないとされている[16]。この点に関しては，朝鮮半島においては地下に他界をみることが一般的ではないという指摘もあり[17]，イデオロギーの背景を中国の黄泉の観念の流入に求めねばならないとすれば，朝鮮半島の影響が濃いとされる横穴式石室の導入や埋葬施設内への土器の搬入が「黄泉国」の概念だけで律しきれるかどうかは，いまだ検討の余地を残しているといえよう。ともあれここで重要なのは，埋葬施設外のものと異なって埋葬施設内の土器は基本的に破砕されておらず，破砕してはその本来的な目的が達成されないと考えられる点である。すなわち，須恵器を搬入した人の意識のなかでは，埋葬施設を閉塞したのちもそれらが死者の世界で継続的に使用されることが前提になっているのである。これに対して，埋葬施設外において須恵器を破砕するという行為は，現世の人人にとってこそ必要なもの＝埋葬儀礼との訣別を意味するものであろう。この2要素はすでに前期古墳の段階からみられたものであるが，陶邑編年Ⅰ-5～Ⅱ-1段階を画期として，両者が埋葬施設の内外へ儀礼として分離していく傾向が生じたことが推定される。

4 埋葬施設内の須恵器

横穴式石室内の土器の位置とその性格の関係は古くから指摘されているが[18]，木棺を置く空間を確保する都合上，須恵器の主たる置き場所は玄室奥壁・側壁側ないし袖部に集中する傾向がある。これはまた，かたづけを受けた土器の移動先である場合も多い。そのため，横穴式石室内の土器の本来の意図をその配置から復元することは困難で

あるが，追葬によるかたづけを受けない木棺直葬墓では，棺内，棺側・棺上，墓壙の埋め戻し段階など埋葬施設内における役割の細分が比較的容易である。棺そのものの中への土器の搬入は埋葬施設内への搬入開始からさらに遅れるようで，新沢千塚・石光山両古墳群において棺内への須恵器の搬入が一般化されるのは陶邑編年Ⅱ-2～3段階以降となる。提瓶は杯・高杯とともに棺内・棺側で使用される傾向がとくに高い器種であるためか，この時期より急に出土例が増加するようになる。これらの須恵器には供膳用具が多く，内容物の供献による死者の魂の慰撫を目的としたであろうことは想像に難くないが，棺内に倒置された杯類には小丸山1号墳第Ⅰ主体部のD体頭部のように明らかに転用枕として機能している例や，平田古墳群中の38・42号土壙墓，同12・53号墳のように棺内足側に蓋杯を伏せて並べる例があり，死者の身体部位との関係に注意を要する。一方，装飾付須恵器などの儀器化した器種や，焼成時の割れや欠損により容器としての実用性が失われた製品が搬入される場合もあるが[19]，これらは埋葬儀礼に関する何らかの要素を象徴するものとして土器自体の供献を目的としていることになる。

奈良県桜井市の忍坂3号墳[20]の横穴式石室からは，器台・高杯・壺・甑と土師器の食膳具が奥壁にそって出土している。径約20mの円墳とも前方後円墳とも推測される三重県亀山市の井田川茶臼山古墳[21]では，横穴式石室内から陶邑編年Ⅱ-1～2段階に相当する6群の土器が検出された。Ⅰ～Ⅵの各群はそれぞれ器台・壺の組合せを基本とし，Ⅰ～Ⅲ・Ⅴ・Ⅵ群では台付壺を，Ⅴ群では甕をともなっている。群馬県前橋市前二子古墳は全長92mの前方後円墳であるが，横穴式石室内から陶邑Ⅱ-1段階以降の装飾付器台・器台・壺・高杯・甑および土師器などが出土している。これらの須恵器の組合せは埋葬施設外の器種構成と共通

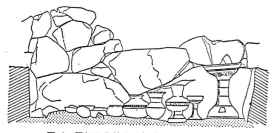

図4 忍坂3号墳奥壁部遺物出土状態復原図
（報告書より）

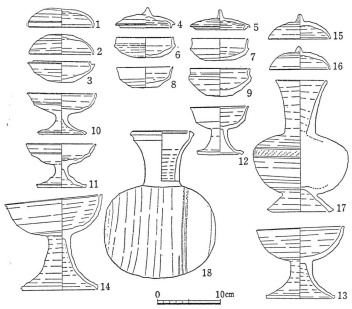

図 5　田ケ谷 1 号横穴出土須恵器（註23文献より）

しており，本来外部で行なわれるべき儀礼の一部が，横穴式石室の導入による埋葬空間の大型化にともない，その当初から石室内に移行する場合もあったようである。

埋葬施設内における須恵器の様相は，時期が下がるにつれ変化していく。静岡県静岡市賤機山古墳[22]は径約30mの円墳であるが，横穴式石室内の石棺前面からとくに選定された台付長頸壺が並立している状態で検出された。このように陶邑編年Ⅱ-5～6段階相当の時期になると，器台や広口壺などの大型製品は一部の地域を除いてあまり使用されなくなり，杯類のほか台付長頸壺や平瓶・フラスコ瓶などへ器種の主体が移行する傾向をみせるようになる。静岡県大東町の田ケ谷1号横穴[23]からは陶邑Ⅱ-6～Ⅲ-1段階の蓋杯・高杯・台付長頸壺・フラスコ瓶が出土しているが，横穴墓においてもその器種構成は基本的に古墳と同様である。この傾向は，同一古墳内の追葬の終了まで継続する。

一方，7世紀中葉以降に畿内の豪族層が築造したいわゆる終末期古墳では，さらに様相が変化する。奈良県明日香村の高松塚古墳[24]や大阪府河南町の塚廻古墳[25]の主体部からは，大刀・装身具などが出土するものの容器としての土器類はみられない。窯業製品としては，奈良県斑鳩町竜田御坊山3号墳[26]の横口式石槨から出土したような円面硯や，大阪府高槻市の阿武山古墳[27]の石槨内に棺台として用いられていた須恵質の磚類などがみられるにすぎない。畿内では同時期に築造される群集墳の石室も小型化しており，棺以外のものを納める余裕のない埋葬施設が多くなるのである。これは，死後の世界観の根本的変化や，古墳自体の社会的意義の低下にともない，死者への祭祀が古墳から分離したことを意味するのではないだろうか。

5　古墳と須恵器編年

後期古墳の年代観は須恵器により決定される場合が多いが，古墳における出土様相の多様性は，古墳の築造や追葬時期の解釈にある種の困難さを付加することになる。奈良県葛城山麓の寺口忍海D-27号墳[28]は，横穴式石室を主体部とする径約16.5mの円墳である。玄室内には2棺分の鉄釘が遺存しており，2次にわたる埋葬が確認された。出土須恵器は，墳丘裾部が陶邑編年Ⅰ-5段階，石室内がⅡ-1段階のもので，それぞれの埋葬に対応するものとすれば，追葬時から埋葬施設内での須恵器の使用が開始されたことになる。陶邑編年Ⅰ-5段階以前に築造された初期横穴式石室墓においては，石室内から須恵器が検出される例が少ないことは前述したが，同一主体部への追葬が一般化する後期古墳の築造年代決定を石室内出土の須恵器だけに依存した場合，実際より新しく解釈する可能性が伴うことを考慮しなければならない。

また，古墳時代の須恵器の最大の消費地のひとつである古墳での使用状況は，たんに須恵器窯で生産された製品を一方的に受容するだけの存在ではなく，逆に須恵器生産の様態に何らかの影響を与えずにはおかないものであろう。埋葬施設内への土器の搬入と時期を同じくして始まる高杯・器台などの長脚化や甕の長頸化は，横穴式石室の広範な展開によって埋葬空間の立体的な広がりが意識されることに原因が求められる。また田辺昭三氏が第一の画期[29]，中村浩氏が第2段階の地方窯[30]と称したこの時期における須恵器窯の全国的・飛躍的拡大や蓋杯にみる調整粗雑化の開始が，埋葬施設内への大量の土器搬入の定着に起因すると思われることもその一例である。このよう

63

な須恵器生産の活況は，斉一性が強いといわれる須恵器生産のなかにも独自の地域色を生みだすことになる。愛知県猿投山古窯址群を中心とする尾張の須恵器生産においては，東山5号窯・岩崎17号窯などのように高台をもつ杯とともに古墳時代形の蓋杯が焼成されているとの指摘があり[31]，形態変遷に主導力をもつ畿内の須恵器窯に対して，各地の須恵器窯は一般に保守的な傾向をおびる場合が多い。これは7世紀後半に至っても継続する古墳への埋葬とその儀礼が，使用する須恵器に旧来の形態を要求する結果とも考えられる。型式学的には前後関係にある遺物が，追葬が不可能な木棺直葬墓や奈良県広陵町の牧野古墳[32]のようにかたづけや攪乱を受けていない横穴式石室から一括で検出されることも，決して稀ではない。より正確な古墳の実年代を比定する際には，葬送儀礼の様相や出土須恵器の生産地における動向との関係を無視して論じえないのである。

註

1) 中村　浩ほか『社・牧野』牧野古窯跡群埋蔵文化財調査会，1990
2) 白石太一郎「ことどわたし考」『橿原考古学研究所論集　創立三十五周年記念』1975
　　亀田　博「後期古墳に埋納された土器」考古学研究，23—4，1977
　　小出義治「祭祀と土器」『神道考古学講座』3，1981
　　伊達宗泰「古墳墳丘上祭祀の問題」『橿原考古学研究所論集』6，1984
　　土生田純之「古墳出土の須恵器（一）」『末永先生米壽記念獻呈論文集』1985
　　藤原　学「須恵器からみた古墳時代葬制の変遷とその意義」『末永先生米壽記念獻呈論文集』1985
　　佐々木好直「群集墳と土器」『網干善教先生華甲記念考古学論集』1988
3) 北野耕平『河内野中古墳の研究』大阪大学文学部国史研究室研究報告第二冊，1976
4) 柳田康雄ほか『小田茶臼塚古墳』甘木市教育委員会，1979
5) 中村耕治「鹿児島県曾於郡大崎町『横瀬古墳』出土の初期須恵器」古文化談叢，15，1985
6) 伊藤英晃・竹内英昭・可知克洋ほか『平田古墳群』安濃町遺跡調査会，1987
7) 大塚初重「上総能満寺古墳調査報告」考古学集刊，1—3，1949
8) 小林行雄「黄泉戸喫」考古学集刊，2，1949
9) 橿原考古学研究所『新沢千塚古墳群』奈良県史跡名勝天然記念物調査報告第三十九冊，1981
10) 森田克行「高槻市周辺」『日本陶磁の源流』1984
11) 加古川市教育委員会『印南野—その考古学的研究』1　加古川市文化財調査報告3，1965
12) 橋口達也ほか『池の上墳墓群』甘木市文化財調査報告第5集，1979，『古寺墳墓群』同第14集，1982，『古寺墳墓群』II，同15集，1983
13) 吉岡康暢「北陸地方」『日本陶磁の源流』1984
14) 前掲2）藤原・佐々木両氏の論文
15) 前掲2）白石氏の論文
16) 土生田純之「古墳と黄泉国」『日本書紀研究』第十六冊，1987
17) 依田千百子「朝鮮の葬制と他界観」『日本民族文化とその周辺』歴史・民族篇，1980
18) 斎藤　忠「埋葬の儀礼」『日本古墳の研究』1961
19) この点に関しては，以下に詳しい。
　　岸本雅雄「装飾付須恵器と首長墓」考古学研究，22—1，1975
20) 橿原考古学研究所『桜井市外鎌山北麓古墳群』奈良県史跡名勝天然記念物調査報告第三十四冊，1978
21) 小玉道明『井田川茶臼山古墳』三重県教育委員会，1988
22) 後藤守一・斎藤　忠『静岡賤機山古墳』静岡県教育委員会，1953
23) 渡辺康弘ほか『岩滑清水ケ谷横穴群・岩滑松ケ谷横穴発掘調査報告書』大東町教育委員会，1988
24) 橿原考古学研究所『壁画古墳高松塚』明日香村，1972
25) 岡本清成・松村啓一「河南町の古墳」『河南町史』1968
26) 橿原考古学研究所『竜田御坊山古墳』奈良県史跡名勝天然記念物調査報告第三十二冊，1977
27) 梅原末治「摂津阿武山古墓調査報告」『大阪府史跡名勝天然記念物調査報告書』第七輯，1936
28) 千賀　久「畿内における横穴式石室の成立」『東日本における横穴式石室の受容』第10回三県シンポジウム，1989
29) 田辺昭三『陶邑古窯址群』I，1966
30) 中村　浩「須恵器生産の諸段階」考古学雑誌，67—1，1981
31) 山田邦和「須恵器・その地域性」『考古学と古代史』同志社大学考古学シリーズI，1982
32) 河上邦彦ほか『史跡牧野古墳』広陵町教育委員会，1987

平城京と須恵器 —————————— ■ 中 村 浩 道
(なかむら・こうどう)

大量消費を常に伴う平城京の須恵器は現状で7段階に編年され，
その生産地は畿内から次第に播磨，猿投，美濃へと広がっている

平城京は，大正11年国指定史跡，昭和27年には特別史跡に指定された，わが国屈指の遺跡である。やがて奈良国立文化財研究所平城調査部が開設され，以来，現在に至るまで当該地域の調査の大半は，同研究所によって行なわれてきたといっても過言ではない。とくに，その調査は全国から選抜された英知によって，わが国の考古学界をリードしつつ行なわれてきた。これらの成果は調査報告書として刊行され，当該時代の基本的資料として，確固たる位置を占めている。

やがて周辺開発の活発化に伴い，平城京の調査は，宮部分を除いては，奈良県あるいは奈良市教育委員会によっても，手がけられているようである。

律令制時代の須恵器生産遺跡については，先に触れられているので省略するが，平城京は大量消費を常に伴う遺跡であり，それらとは対照的な位置にある。すでに平城京とりわけ平城宮を中心として，大部な発掘調査報告書が刊行され，従来の成果の一部が公表されている。これらの成果に導かれながら，平城京（宮）での須恵器がどのような状況におかれていたのか，あるいはどのような問題点があるのかなどについて考え

てみたい。

なおすでに何次かの調査から，都が設置される以前の遺跡，遺物についても詳細に報告されている。それらの中には興味ある問題を提起するもの

表1　平城宮出土土器の大別（『平城宮発掘調査報告ⅩⅢ』1991より）

時期	主 要 遺 構	略年代	年代推定の根拠	備　　考
Ⅰ	ＳＤ1900	710	「過所」木簡　大宝元年～和銅3年 　　　　　　　(701)　　　(710) 下ツ道西側溝で宮の造営に際し埋立られる。	『報告Ⅸ』
	ＳＤ3765下層			『報告Ⅺ』
	ＳＤ8600(104次)	715	木簡　和銅2年～8年 　　　(709)　(715)	未報告
Ⅱ	ＳＤ3035(22次南)	716	木簡　霊亀2年～神亀2年 　　　(716)　　(725)	未報告
	薬師寺井戸ＳＥ47		木簡　霊亀2年 　　　(716)	『薬師寺報告』
	平城京ＳＤ485		木簡　神亀5年～天平元年 　　　(728)　　(729)	『報告Ⅵ』
	ＳＫ12965(177次)		木簡　養老2～4・6年 　　　(718～720、722)	『61年度概報』
	ＳＫ2102		木簡　神亀5年～天平元年 　　　(728)　　(729)	『報告Ⅵ』
	ＳＤ1250(122次)		木簡　神亀4年・天平3・4・6年 　　　　　　　　　　(734)	未報告
	長屋皇宮木簡出土 井戸ＳＥ4699		木簡　養老元年 　　　(717)	『長屋王邸宅と木簡』
	長屋親皇木簡出土 溝ＳＤ4750		木簡　和銅4年～霊亀2年 　　　(711)　　(716)	『同　上』
Ⅲ	東二坊々間路西側溝 ＳＤ4699(左三・二・七坪)	730	木簡　天平2年 　　　(730)	未報告
	東西大溝ＳＤ5100		木簡　天平6～8・10 　　　(734)　(738)	未報告
	東西大溝ＳＤ5300		墨書土器天平13年 　　　　(741)	
	前川遺跡			奈良市『朱雀大路報告書』
	ＳＫ820		木簡　天平17・18年 　　　　(746)	『報告Ⅵ』
	ＳＫ2102	750	木簡　天平18年　天平勝宝2年 　　　　　　　　　　(750)	『同　上』
Ⅳ	ＳＢ7802柱抜取穴		木簡　天平勝宝5年 　　　　(753)	『報告Ⅺ』
	ＳＫ219	760	木簡　天平宝字6年 　　　　(762)	『報告Ⅳ』
Ⅴ	ＳＤ3236Ｃ(104次)		木簡　天平神護2年・宝亀5・6年 　　　(766)　　　　(775)	未報告
	ＳＫ2113		木簡「左衛士府」天平宝字2年以降 　　　　　　　　　　(758)	『報告Ⅵ』
	ＳＫ870			『同　上』
	ＳＥ6166	784	墨書土器「主馬」 天応元年～延暦3年 　(781)　　(784)	『報告Ⅻ』

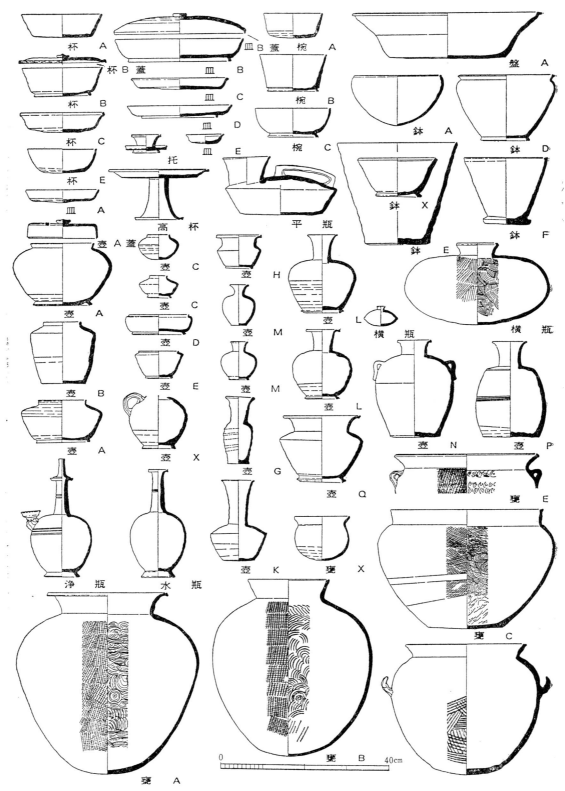

図1 器種名と形（『平城宮発掘調査報告XIII』1991より改変）

表 2 平城宮出土土器IV・Vの法量（『平城宮発掘調査報告XI』1981より）

須恵器		平城宮土器 IV		平城宮土器 V	
		（口 径）	（高 さ）	（口 径）	（高 さ）
杯A	I	19.4～18.0cm	5.5～3.5cm		
	II	17.1	5.0	16.8cm	3.8cm
	III	14.8～14	4.2～3.9	14.8～13.0	5.4～3.0
	IV	12.0	4.7	10.2～10.0	3.4～2.9
	V	10.8	3.9		
杯B	I	19.6～18.6	6.5～5.7	18.6～17.9	6.4～5.5
	II	17.8～17.4	5.2	16.8	5.8～5.2
	III	14.6	4.2～3.6	14.4～13.4	4.0
	IV	11.5～ 9.8	4.0～3.6	11.4～10.0	3.7～3.2
皿A	I	(20.3)	(2.0)		
	II	(17.6)	(3.1)		
	III	(15.4)	(3.2)		
皿B	I	32.0～25.7	5.6～4.9	(26.2)	(5.0)
	II				
皿C	I	(22.9)	(2.1)	22.0～18.0	2.4～1.8
	II			15.2	1.2
杯C	I			19.8	3.2
	II			17.0～16.6	4.0～3.4

各遺構での平均値をもとにした数値，空欄は出土量が少なく統計処理に耐えないもの，（　）は1遺構での数値

最近の成果から，各々の特徴と基準となった遺構，および年代は表1の如くである。これらの分類は，単に年代の基準にとどまらずに須恵器の器種構成や規格の問題まで検討が加えられている。

2 器種構成など

平城宮出土の須恵器が「どの時代に較べても，定形化した形態をとり，法量に規格性をもつ」とされ，「宮廷式土器様式」あるいは「律令的土器様式」と，その特徴から呼称されている。

一方，京域に目を転じると，自由な使い分けの存在や人名，記号の墨書の多量の出土から，土器自体の所有関係，すなわち宮が官に属す備品であったのに対

も少なくはない。しかし本稿では，与えられた須恵器編年の問題を絞り込むために，平城京とりわけ，その中心となった平城宮の関連遺構出土須恵器を主体とし，それら地域で確認された先行する古墳などの遺構に伴う出土須恵器については除外しておくことにした。

1 須恵器の編年

平城京は，遷都以来かなりの期間，都として繁栄し，かつ平安京移動後もすぐには衰退せず，いささかの面目を保っていたようである。また各種の遺構からは，須恵器のみならず木簡などの文字を伴う資料の伴出があり，年代を求めることが可能である。また遺構によっては，文献史料との比較などから，その年代の得られるものもあり，考古学にあって，最も弱点とされる絶対年代との対比が，比較的容易であると考えられている。

平城宮では現状で7段階に須恵器が型式編年され，各報告書では，これに準じて報告されている。それらは平城宮I，平城宮II，……III，……IV，……V，……VI，……VIIと表記されている。

し，京では個人に帰するものであるという基本的な問題も指摘されている。いずれにしても，平城京の時代には「律令的土器様式」に表現される，規格性の濃い状況は，単に当該地域にとどまらず，広く影響は及んでいたと考えられるが，その範囲や影響度合いの検討は行なわれていない。

平城宮から出土する須恵器の器種は，すでに実施されてきた調査で，ほぼ出揃った感もある。『報告書』には，器種を整理した器種表が付されており，これを対象として報告の内容に接することになる。これらを詳細に紹介するには，紙幅が尽きるので，『報告XIII』1991の器種表を一部改変して示しておく（図1）。

規格性のもとに生産され，供給された須恵器であるということは，また各時期の規格の存在も類推される。表2は，先の平城IV，Vの各時期に見られる，各器種別の法量である。ここで見る杯AはIからVまでの5種類の法量の差のあるものが存在するということを示している。

表3は器種の消長を示したもので，この表からは，各器種がどの期間使用されていたものかを推

表3 須恵器の器種消長（『平城宮発掘調査報告XIII』1991より）

器種 ＼ 時期	I	II	III	IV	V
杯A I-1					
II-1					
III-1					
IV-1					
I-2					
II-2					
III-2					
IV-2					
V					
杯B I-1					
II-1					
III-1					
IV-1					
I-2					
II-2					
III-2					
IV-2					
V					
杯C I					
II					
皿A I					
II					
皿B I					
II					
皿C I					
II					
皿E					
椀A I					
II					
椀B					
高杯 I					
II					
鉢A					
D					
F					
盃A					
B					
C					
D					
E					
G					
H					
K					
L					
M					
N					
P					
Q					

定することができよう。

このほか土師器と須恵器の関係についても詳細な研究成果が報告されており，興味深い問題も多い。

土師器と須恵器の二者が平城宮の土器を構成しているが，前者が京の近接地域で生産可能であるのに対し，後者はその産地が遠隔地とならざるをえない。『延喜式』には，須恵器を調納する国として，和泉，近江，播磨，備前，讃岐，美濃，筑前の7カ国があげられている。これらがすべて平城宮へ供給していたとは限らないが，その可能性はすべてにある。

『報告書』によれば，その形状や製作手法，さらには胎土の特徴などから全体で7群に大別されている。そのうち，I，II，IV群が畿内産，とくにI，II群は陶邑窯（すえむら），III群は中国（播磨）産の可能性を示している。またIV群は生駒東麓窯，V群は尾張猿投窯（さなげ），VI群は美濃須衛窯，さらにVII群については「美濃」の刻印を伴っていることから，岐阜老洞窯（おいどう）で焼かれた可能性を，各々示されている。

4 むすびにかえて

以上，簡単に平城京とくに宮の須恵器について焦点をあてて『報告書』を引用しつつまとめてみた。すでにふれたように「律令的土器様式」あるいは「宮廷式土器様式」は，政治的にももっとも充実した段階にあって初めて成立を見たものである。したがって，その盤石であるべき主体が軟弱となると当然のことながら，その規格性の維持というような部分にまで影響を与える。

衣食住の人類が基本とする問題は常に中央政治と関連しながら，一方では，それらと関係なく庶民の生活は，したたかに展開されている。

参考文献

奈良国立文化財研究所『平城宮発掘調査報告』II，1962

奈良国立文化財研究所『平城宮発掘調査報告』IV，1965

奈良国立文化財研究所『平城宮発掘調査報告』VI，1974

奈良国立文化財研究所『平城宮発掘調査報告』VIII，1977

奈良国立文化財研究所『平城宮発掘調査報告』XI，1981

奈良国立文化財研究所『平城宮発掘調査報告』XIII，1991

ほか

平安京と須恵器

京都市埋蔵文化財研究所

■ 網　伸也
（あみ・のぶや）

平安京では従来の律令的土器様式から供膳具より後退しはじ
め，10世紀には中世的な土器様式へ向かう重要な画期となる

平安京から出土する土器はさまざまな様相を見
せている。794年（延暦13年）の遷都以来，約400
年の長きにわたって政治・経済の中心地であった
平安京では，当然ながら使用された土器の組成も
大きな変化を遂げている。それはまさに古代都市
平安京から中世都市京都への変貌に対応している
ものと考えられよう。ここでは先学の研究成果に
導かれながら，中世的な土器様式が成立するうえ
で平安京から出土する須恵器がどのように変化し
ているかを生産地の問題も含め概観してみたい。

1　平安京造営期の様相

平安京が造営される以前の奈良時代の土器様式
が，定型化した形態を持ち法量の規格性や分化が
明確に認められることはよく知られている。これ
らの土器様式成立の背景には大量の官人層の出現
が考えられており，律令制に基づく宮廷生活の土
器様式であることから「律令的土器様式」と称さ
れている[1]。供膳具においては土師器と須恵器の
互換性が確立し，奈良時代の初めには多種多様な
土師器や須恵器が生産されていた。しかし，奈良
時代後期になると供膳具に見られる調整の簡略化
と器種の減少傾向とあいまって，小規模経営での
生産が可能な土師器に比べ，集中的な大量生産を
必要としコストもかかる須恵器生産は徐々に衰退
に向かい，8世紀も末には供膳具における須恵器
の占める割合は大幅に減少する[2]。平安時代前期
の土器組成における須恵器のあり方は，「律令的
土器様式」のこのような組成変化を受けて成立し
ているのである。

平安遷都後まもない8世紀末から9世紀初頭の
土器群は，基本的には前代の土器様式を踏襲して
いる。須恵器では壺類や甕類とともに坏A（無高
台坏）・坏B（高台付坏）・坏B蓋・皿A（無高台皿）・
皿B（高台付皿）などの伝統的な供膳具が出土して
おり，土師器でも奈良時代の平城Ⅴ期から形態・
技法的に継承するc手法（体部外面のヘラケズリ調
整）の椀・坏・皿類が最も盛行する。平安時代の

土器編年については，土師器の供膳具を形態や製
作技法の相違によってⅠ期からⅤ期に大区分し各
期をさらに3段階に小区分する編年案が提示され
ており，平城Ⅴ期を平安時代の土器に先行する段
階としてⅠ期古段階とし，平安時代初頭の土器組
成を示す土器群をⅠ期中段階にあて，以降Ⅲ期新
段階までの土器型式編年を行なっている。これら
の編年案を提示した平尾政幸氏によれば，Ⅰ期中
段階では須恵器の供膳具は前代からひきつづいて
生産された器形だけに限られているのに対し，Ⅰ
期新段階では緑釉陶器に近似した形態を持つ椀・
皿類が加わり，9世紀の半ばから末にかけてのⅡ
期古・中段階では伝統的な器形は減少し，ロクロ
目が明瞭で底部外面には糸切り痕跡が残る椀類が
出現するという[3]。

須恵器の製作技法は，基本的には粘土紐を巻き
上げておおまかな器形を作った後にロクロ回転を
利用して整形する。これに対し奈良時代における
鉛釉陶器の生産は，素地を乳白色に焼きあげ器面
を釉薬によって美しい光沢や色彩で飾ることや，
ロクロ水挽きによって成形するなど技術的に須恵
器生産とは全く異なっていた[4]。それは国家的儀
式や国家権力の必要に応じて官営工房で製作され
る閉鎖的な小規模生産であり，須恵器生産地とは
関係を持たず工人の技術的交流も全くなかったと
考えられる。9世紀にはいり磁器指向の強い単彩
の緑釉陶器が生産されるに及んで，須恵質の硬陶
が出現し緑釉陶器生産に須恵器工人が導入されて
いった。伝統的な器形を持つ須恵器の供膳具は，
9世紀段階においても粘土紐による巻き上げロク
ロ法を踏襲しているが，緑釉陶器の生地的な椀・
皿類やロクロ水挽きによって生産された須恵器椀
の出現は，官営工房で独自に生産されていた鉛釉
陶器の技術が平安遷都後における生産体制の再整
備の中で須恵器生産に影響を与えたことを裏付け
ている。

奈良時代の後半には，それまで主流として平城
京に供給していた和泉陶邑窯の製品が急激に減少

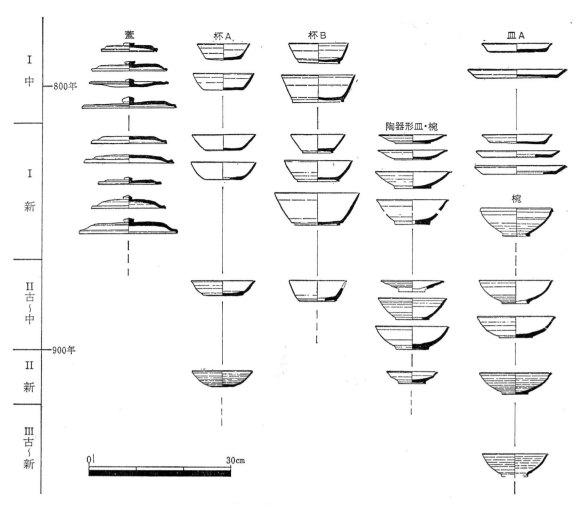

図1 9世紀から10世紀の平安京出土須恵器

する。長岡京遷都によって松井窯や交野ヶ原窯などの南山城の諸窯群が開窯し若干の生産体制の整備が行なわれたようだが[5]、一般的にはまだ陶邑から供給を受けていたようである。ところが、平安京からは陶邑の製品の出土はほとんど見られない。平安京にも長岡京にひきつづき南郊諸窯からの須恵器の供給が認められるが、平安時代初頭の須恵器生産地として栗栖野窯を中心とする洛北窯跡群が操業されるのは注目できる。

洛北窯跡群では、栗栖野瓦窯など平安宮造営時に新たに操業された官営造瓦工房が営まれており、須恵器だけでなく緑釉陶器の生産も行なわれた。さらに、平成4年3月に実施された栗栖野瓦窯の発掘調査において半地下式窖窯が4基検出され、そのうちの1基からは焼け損じた須恵器片や緑釉陶器片とともに二彩多口瓶の破片が出土して

おり、多彩鉛釉陶器の生産まで行なっていたことが知られる[6]。奈良時代の生産地では、須恵器窯・瓦窯・鉛釉陶器窯は明確に分かれており、とくに鉛釉陶器は平城京北郊の丘陵地帯の官窯や大寺院の敷地内での特殊な生産が推定されている[7]。洛北窯跡群のあり方は、奈良時代の窯業生産とまさに対照的といえよう。洛北岩倉は7世紀から8世紀にかけて在地に供給した瓦窯や須恵器窯が営まれた地域であり、8世紀後半まで細々と生産を続けているが、平安遷都にともなって官窯として新たに再整備されたことは明らかである。律令制に基づく生産体制の弛緩を打破するため、新京造営時に官営工房の工人や須恵器工人を再編成し集中的な窯業生産を行なったと推測できる。さきに述べた須恵器生産における鉛釉陶器の技術的な影響も、このような生産体制の変化によってはじめて

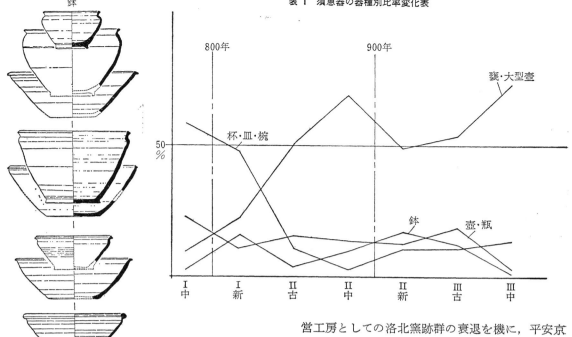

表1 須恵器の器種別比率変化表

可能となったのであり、ここに長岡京造営以前の窯業生産と平安京造営段階の窯業生産との画期が認められる。

2 9世紀以降の状況

しかし、これらの国家的規模での集中的窯業生産も、平安京造営という特殊な事態に対応するために官営工房の統制が強化された結果であり、律令的な生産体制の矛盾は覆いようがなく、造営が一段落した時点で衰退に向かう。洛北窯跡群では9世紀半ば以降は瓦生産が主流となり、陶器生産は洛西地域に移り、とくに須恵器は丹波篠窯からの供給が中心となっていく。篠窯跡群は、8世紀半ばの国分寺の創建や国府の整備にともなって操業を開始したが、陶邑窯跡群の衰退と対照的に平安遷都を画期として隆盛しはじめる。そして、官営工房としての洛北窯跡群の衰退を機に、平安京へ須恵器を供給する一大窯業生産地として発展していった[8]。篠窯跡群では9世紀段階には定型化した供膳具・貯蔵用具を伝統的な窖窯によって焼成していたが、10世紀段階になると鉢や小型壺などを主体として小型窯による焼成が行なわれるようになる。これらの特徴的な製品は、平安京だけでなく西日本を中心として官衙や集落に広く分布しており、篠窯が中世的な流通社会の成立につながる「都市窯」として機能したことが指摘されている[9]。

平安京から出土する土器組成の変化はこれらの窯業生産地の移動と軌を一にしている。9世紀段階での供膳具における須恵器の減少傾向はさらに進み、10世紀以降では須恵器の杯・皿・椀類はごく少量出土する程度で、調理用のすり鉢や貯蔵用の甕・壺類に限定されていく傾向が窺える。さらに、11世紀にはいると壺類が減少し、器種構成の重点は甕とすり鉢に移っていく。須恵器は硬陶としての特質から機能的に調理用・貯蔵用の製品としての需要が高まり、10世紀には前述したように玉縁状口縁が特徴的なすり鉢とともに壺類が篠窯跡群から京内に供給されていたが、11世紀に篠窯跡群が衰退した後は播磨で焼成されたすり鉢が圧倒的な量で京内に供給されるとともに、甕は西日本各地の多様な生産地からの供給が見られるようになる。このように、特定器種を特定地域で専焼

71

し広域流通によって京内に供給する体制が10世紀以降に成立しはじめるのは注意すべきである[10]。これに対応して供膳具では，法量分化による器種の多様性がなくなり大・小の土師器皿がほとんどを占めるとともに，輸入陶磁器・緑釉陶器椀あるいはこれらを指向した黒色土器椀が須恵器椀よりも多く出土しており，11世紀になると瓦器椀も出現する。ここにいたって都市域は磁器・漆器椀と土師器皿，周辺農村域は瓦器椀と土師器皿という単純な供膳器種構成が成立し，磁器あるいは磁器指向型の「椀」と土師器「皿」という器種構成は同じでも使用される焼き物の種類によって階層的較差を表出する中世的な土器様式が確立するのである[11]。10世紀における須恵器の供膳具からの後退，特定地域における特定器種の専焼・供給体制の確立は，このような中世的な土器様式へ向かう重要な契機となっているといえよう。

　表1は平安京右京三条三坊の報告の中で提示された平安京各所の出土土器破片数のデータをもとに，Ⅰ期中段階からⅢ期中段階における出土須恵器の器種別の比率の変化を示したものである。遺構による資料の偏りを考慮して，Ⅰ期中段階（8世紀末から9世紀初頭）は左兵衛府SD4と北野廃寺SD8の資料，Ⅰ期新段階（9世紀初め）は中務省SK201と右京三条三坊SD19の資料，Ⅱ期古段階（9世紀半ば）は左京一条三坊溝1と右京四条二坊SD1の資料，Ⅱ期中段階（9世紀終り）は右京二条三坊SE10掘形の資料，Ⅱ期新段階（10世紀初め）は右京二条三坊SX25と左京二条二坊SE19の資料，Ⅲ期古段階（10世紀半ば）は右京二条三坊SD23と内裏SK25の資料，Ⅲ期中段階（10世紀終り）は右京三条二坊SE4と左京一条三坊井戸1の資料を併せて使用した。Ⅰ期中段階では，坏・椀・皿類の破片数が須恵器の全破片数の58.9％を占めており，須恵器の量が減少したといえどもまだ供膳具としての比率は高くなっている。Ⅰ期新段階の資料でもまだ半数近くの47.1％を供膳具が占めているが，Ⅱ期古段階の資料では坏・椀・皿が10.6％，甕・大型壺が50.9％と比率が逆転しており，Ⅱ期中段階以降の資料では確実に須恵器が供膳具から後退し貯蔵用器種の比率が増加している。この傾向は，壺・大型壺の一個体あたりの破片数が供膳具よりかなり多くなることを考慮にいれても，須恵器の器種構成の変化として無視できない。また，鉢類もⅡ期古段階で減

少していたが徐々に増加の傾向をみせており，Ⅱ期新段階にひとつのピークを迎えている。このように，京内各地で出土した須恵器破片数の器種別比率を見ても9世紀段階での激しい変化は明らかであり，一時的に器種構成が安定する10世紀段階以降をもって中世的な土器様式成立への重要な画期とあらためて認識することができるのである。

　9世紀以降は須恵器生産において壊滅的な時期であることが，従来から指摘されてきた。前代から長期間にわたって集中的な大規模生産を行なってきた陶邑窯の衰退とともに，器種的に供膳具から須恵器が後退することがその要因と言える。しかし，篠窯の隆盛にみられるように10世紀段階には特定器種を平安京および各地に供給する体制が成立しはじめており，須恵器生産は新しい需要供給関係を形成していったのである。この変化は供膳具にみられる中世的な土器様式の成立過程と対応しており，特定地域における特定器種の大量生産は荘園経済にともなう広域流通の発展とともに進行し，六古窯をはじめとする中世窯業の成立に少なからず影響を与えたものと考えられる。

註
1）　西　弘海「土器様式の成立とその背景」『考古学論考』小林行雄博士古希記念論文集，1982
2）　巽淳一郎「古代窯業生産の展開―西日本を中心として―」『文化財論叢』奈良国立文化財研究所創立30周年記念論文集，1983
3）　（財）京都市埋蔵文化財研究所『平安京右京三条三坊』京都市埋蔵文化財研究所調査報告第10冊，1990
4）　田中　琢「古代・中世における手工業の発達―窯業―（4）畿内」『日本の考古学』Ⅳ，1967
5）　百瀬正恒「長岡京の土器」『長岡京古文化論叢』1986
6）　本弥八郎・吉本健吾「栗栖野の窯跡から二彩陶器が……」『（財）京都市埋蔵文化財研究所・京都市考古資料館リーフレット』No. 43，1992
7）　堀江門也「多彩釉陶器焼成窯について」考古学ジャーナル，196，1981
8）　（財）京都府埋蔵文化財調査研究センター『篠窯跡群Ⅱ』京都府遺跡調査報告第11冊，1989
9）　伊野近富「篠原型須恵器の分布について」『京都府埋蔵文化財論集』第2集，1991
10）　宇野隆夫「後半期の須恵器」史林，67―6，1984
　　宇野隆夫「古代的食器の変化と特質」日本史研究，280，1985
11）　森　隆「畿内に於ける古代後半の土器様相」『シンポジウム　土器からみた中世社会の成立』1990

特集 ● 須恵器の編年とその時代

自然科学と須恵器

考古学に関連する自然科学の発展は著るしいものがある。須恵器についても産地同定や年代推定に対し強力な力を発揮している

産地推定の手法／年代推定の手法

産地推定の手法

奈良教育大学教授
三辻利一
（みつじ・としかず）

須恵器の胎土分析により長石類に由来する4因子が有効に地域差を表示することがわかった。この4因子は須恵器の産地推定に有効である

　須恵器の産地推定法となるための必要条件として，1）誰でもが使える方法であること，2）データが定量化できることの2点が上げられる。この点で胎土分析による自然科学の手法は最適である。
　全国各地にある1,000基を越える窯跡から出土した40,000点以上の須恵器片を分析した結果，K, Ca, Rb, Sr の4因子が有効に地域差を表示することが見つけられた。これらの因子を使って組み立てられた産地推定法を十分会得して使用するためには，何故，これら4因子が有効に地域差を表示するのかについての知見を求めておく必要がある。そのため，日本列島の基盤を構成する花崗岩類が広く集められ，分析された。その結果，驚くべきことに，窯跡出土須恵器に対応するように，花崗岩類にも4因子で地域差があることが見つけられた。しかも，KとRb, CaとSrはそれぞれ，正の相関性をもつことがわかった。このことは微量元素であるRbとSr（数10～数100 ppm程度）はそれぞれ，主成分元素K, Caとともに，マグマから花崗岩の生成，岩石が風化して粘土が生成する過程で，常に，同じ挙動をとっていたことを示す。さらに，花崗岩類中の粗粒長石にX線を照射し，蛍光X線スペクトルを観測した結果，K (Rb) はカリ長石に，また，Ca (Sr) は斜長石

中に存在することが確認された。したがって，Rb-Sr 分布図はいわば，（カリ長石）―（斜長石）分布図に外ならないことになる。この分布図上で窯跡出土須恵器も興味深い地域差を表示するのである。例えば，畿内，滋賀県，岐阜県，愛知県の窯跡出土須恵器は Ca, Sr 量が少ないのに対し，九州北部地域のものには逆に多い。また，東北地方や関東地方の窯跡出土須恵器には西日本のものに比べてK, Rb 量が少ないなどである。このようにして，粘土中のK, Ca, Rb, Sr もそれぞれ，母岩の長石類に由来すると考えられるので，4因子による地域差は地質的なものを背景にもっていることになる。
　次に，窯跡の整理の問題である。初期須恵器のように窯跡数が少ない場合はとも角，平安時代に入ると，全国各地には数千基の窯があったと推定されている。これらを何らかの形で整理しておかない限り，産地推定への作業に入ることはできない。ところがうまい具合に，良質の粘土を産出する同じ地域内に多数の窯跡がある場合には，どの窯の須恵器も類似した化学特性をもつことが証明された。実際，各地で窯群が形成できることが分析データから示されている。大阪陶邑窯群や猿投窯群がその例である。窯群はさらに，100基を越

73

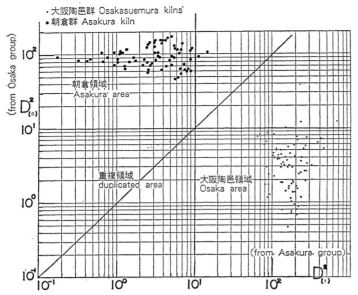

図 1　大阪陶邑群と朝倉群の相互識別（K, Ca, Rb, Sr 因子使用）

える窯跡が集中する大規模窯群，数10基程度の窯跡が集中する中規模窯群，10基程度しかない小規模窯群に分類される。大規模窯群は全国に20ヵ所ほど，中規模窯群は30ヵ所ほど確認されている。当面，大，中規模の窯群こそ，外部地域へ製品を供給するための須恵器生産工場であると仮定し，須恵器産地推定のための母集団群としている。これらの窯群に古墳やその他の遺跡出土須恵器の分析データを対応させるのである。定性的にはRb-Sr分布図で対応させるが，定量的には4因子を使って判別分析が行なわれる。どのようにするかを次に説明する。

　通常，1母集団から20点以上の試料を採集して分析する。つぎに，各試料について4因子を使って，母集団の重心からのマハラノビスの汎距離を計算する。マハラノビスの汎距離とは母集団の重心からの距離を標準偏差を尺度として測った統計学上の距離のことである。マハラノビスの汎距離の二乗値と，母集団の試料数，使用因子数を使って，5％の危険率をかけて，各試料が母集団に帰属するかどうかの判別分析が行なわれる。この結果，母集団の領界が決定される。通常，マハラノビスの汎距離の二乗値が10付近に領界線がある。このような統計的手法の根底にある考え方は窯出土の全須恵器片を分析する訳にはいかないので，これらの母集団の中から任意にサンプルを抜きとって分析し，そのデータから全体の化学特性を推計するのである。確率論が根底にあるのはそのためである。こうして，母集団の領界が $D^2 \leq 10$ と決められると，この条件は遺跡出土須恵器の産地推定に適用される。すなわち，母集団（A）の製品がある遺跡に供給されていたとすると，その遺跡から出土した須恵器は $D^2(A) \leq 10$ の条件を満足するはずである。原理的にはこれでよいのだが，実際には，母集団（A）と類似した化学特性をもつ母集団（B）があるかどうかである。あれば，母集団（B）も産地となる可能性をもつ。そのため，2群（A，B）間の判別分析が行なわれる。A，B 2つの母集団から，それぞれ20点以上の須恵器片をとり出して分析し，4因子を使って両母集団の重心からのマハラノビスの汎距離の二乗値を計算し，$D^2(A)-D^2(B)$ 分布図を作成する。その1例として，初期須恵器の大阪陶邑群と朝倉群（福岡県甘木市）の相互識別の例を図1に示す。$D(0)$, $D(1)$ はそれぞれ，大阪陶邑群，朝倉群からのマハラノビスの汎距離である。大阪陶邑群，朝倉群のほとんどの試料はそれぞれ，$D^2(0) \leq 10$，$D^2(1) \leq 10$ の領域に分布するのみならず，互いに，相手群から十分離れて $[D^2(相手群)>10]$ いることがわかる。この場合，両群の相互識別は完全である。もし，両群の試料の化学特性が類似していると，両群の試料は $D^2(自群) \leq 10$ を満足するのみならず，$D^2(相手群) \leq 10$ の条件も満足し，図1の重複領域に混在することになる。この場合，両群の相互識別は不可能となる。朝倉群内の小隈窯と山隈窯の相互識別の場合がこれに相当する。この結果，両窯は朝倉群としてまとめられた訳である。このように，2群間判別図で両母集団がどの程度の誤判別の確率で相互識別できるかが判明する。朝倉群周辺の古墳出土須恵器の分析データを使って図1の判別分析図を作成したところ，地元の朝倉群の領域に分布するものと，大阪陶邑領域に分布するものとに分かれた。こうして，大阪陶邑からの搬入品があることが立証された。

　平安時代になると，例えば宮城県多賀城跡出土須恵器の場合には，地元，河南町窯群と会津若松市の大戸群との間で2群間判別分析が行なわれ多賀城跡から大戸群産の長頸壷，短頸壷が検出された。

年代推定の手法

富山大学教授
広 岡 公 夫
（ひろおか・きみお）

考古地磁気法は放射性炭素法やＦＴ法とちがって須恵器の様な若い
時代の測定に適しているが，地方差の補正が必要になってきている

遺物・遺構の年代を推定する方法はいずれも，時間（時代）とともに変化する何らかの事象を捉えて，それを時計として，その変化量を測って年代を求める。須恵器やそれに関係する遺構の年代を求めるためには，焼かれているということが大きな特徴で，焼かれた（高温になった）ことによって，針が動き始める時計を用いることが重要である。

変化量が時間の関数で表わせるようなものであれば，他の方法の助けを借りずに年代値を得ることができる。放射性元素の壊変を時計として用いるものがこの例で，その元素がどのような化合物になっても壊変の速度が変わらないという独自の時計を持っているので，年代測定に適している。この方法で求めた年代を放射年代という。この場合，半減期と同じくらいの年代のものが最も精度よく測れる。しかし，実際には，知りたい年代にうまく合う半減期を持つ放射性元素で，しかも，遺構，あるいは，遺物に普遍的に含まれているようなものは少ない。

1　年代測定法のいろいろ

放射性炭素（^{14}C）を用いる方法は，最もよく使われる放射年代測定法である。しかし，半減期が5730年であるため，須恵器の時代を精度よく測るには少し苦しいところがある。

この他に，放射性元素の崩壊に関係した物理量の変化を測るものに，フィッション・トラック（ＦＴ）法や，熱ルミネッセンス（ＴＬ）法，電子スピン共鳴（ESR）法などがある。

ウランの核分裂を用いるフィッション・トラック法は，熱がかかると，鉱物（ジルコン）やガラス中に，それまでにできていた核分裂飛跡（フィッション・トラック）が消え，新たに時計が動き始めるので，土器や窯跡のような焼かれたものに適しているが，ウランの半減期が長いため，須恵器のような若い時代のものを扱うには，よほどウランが高濃度含まれているものしか適用できない。

熱ルミネッセンス法とESR法は，同じ変化量を違う見方で見ているだけで，本質的には変わらない。土に埋もれて，周りの土から放射された放射線が土器や窯壁に含まれている石英粒に当ると，石英結晶中の電子は，放射線のエネルギーをもらって励起された状態になる。放射線量が多いほど励起された電子の数が増し，受けた放射線量が蓄積される。1年間に放射される線量がわかれば，その何倍分の励起電子が蓄えられているかを測って埋積されていた年代を出すことができる。加熱すると励起電子は蛍光（ルミネッセンス）を発して，もとの電子状態に戻る。熱ルミネッセンス法では，試料を熱して出る蛍光の強さから蓄積線量を測る。マイクロ波を当てると励起電子数に応じた吸収が起きるので，ESR法ではこれを用いて蓄積線量を測る。これも焼かれて，埋積されたときから時計が動き出す。埋積土の年間線量は場所によって変わるので，それを知るためには，遺跡に線量計を1年間以上埋め込んで置かなければならない。この方法も，須恵器の時代よりももっと古い時代の方が得意である。

放射年代のように独自では年代値が出せないが，まず年代のわかった遺構の測定を行なって，どのような年代変化をしているかを明らかにし，その年代変化の曲線を使って年代を推定する方法がある。この種の年代推定法の中で，窯跡に最もよく適用されているのが地磁気の変化を時計にした考古地磁気法である。

2　考古地磁気年代推定法

土に普遍的に含まれている"砂鉄"は少量のチタンが混じった鉄酸化物で，磁石になることができる。このような磁性体は，加熱されて温度が上がると，それぞれの磁性体に固有の温度で磁性を失う。この温度をキューリー点といい，550℃前後の場合が多い。高温に熱せられて磁性を失った磁性鉱物を冷やしていくと，キューリー点を通過した瞬間から，磁性が蘇り，そのときに作用して

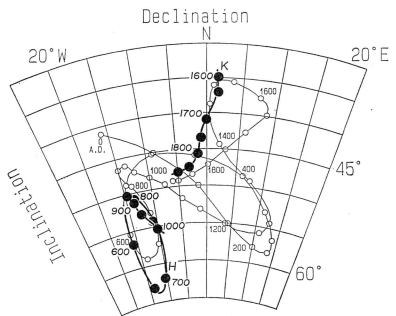

図1 西南日本の過去2000年の考古地磁気永年変化
H：7～10世紀の北陸版永年変化曲線
K：17～19世紀の九州北部版永年変化曲線
Inclination：伏角，Declination：偏角

いる磁場に平行な方向の磁化を持つ磁石となる。この磁化を熱残留磁化という。窯跡は，窯体全体が焼成当時の地磁気の方向の熱残留磁化を持っているので，過去の地球磁場の方向が記録されている。したがって，遺跡に残されている焼土遺構の残留磁化を測定すれば，過去の地磁気の変動の様子を明らかにすることができる。このような研究を考古地磁気学という。

地球磁場の方向は年々少しずつ変わっており，百年単位でみると相当大きな変化をする。この変化を地磁気永年変化という。日本で継続的に地磁気の観測が行なわれるようになったのは，明治時代になってからであるので，それ以前の永年変化については観測記録が無いが，西南日本各地の，時代が明らかな考古遺跡の焼土遺構の熱残留磁化の測定によって，過去2000年間についての永年変化（考古地磁気永年変化）が明らかにされている（図1）[1]。

焼土遺構の熱残留磁化の方向を測定し，この考古地磁気永年変化曲線と照合すれば，その遺構が焼かれた年代を求めることができる。この年代推定法には，何枚も床がある窯跡の場合に，先の焼成時に獲得された磁化が後の床の磁化獲得時に窯体内の磁場に影響を及ぼすこと，あるいは，後の焼成によって先の床の温度が上がり先の磁化が影響を受けるらしいこと，さらに，地球磁場の方向の地方差が無視できない場合のあることなど，まだ，いくつか検討が必要な問題点[2]が指摘されてはいるが，炉跡や古窯跡などの焼土遺構の年代を推定する方法として定着しつつある。

3 考古地磁気の地方差

考古地磁気法で年代を求めるためには，地磁気永年変化の標準曲線が正しく過去の地磁気の変化を表わしていることが前提となっている。ところが，上記の西南日本の考古地磁気永年変化曲線を用いて年代を求めると，14～16世紀のものはどうも考古学的知見と合わないことが多い。また，時代によって，ある地方ではどう考えても考古学的な証拠と相いれない年代になることがある。例えば，九州の古伊万里が15，16世紀の年代値を与える。ほとんど時代差のない古九谷や織部の窯のデータを見ると，偏角に5°近い差異があるためである。これは，当時，地磁気の方向が九州北部と東海・北陸地方とでそれだけ違っていたことを示している。この事実は，数少ない地磁気の実測値からも証明される。セーリス率いるイギリスの東インド会社の商船団が日本との通商を求めて来日し，長崎県の平戸に停泊中の1613年に天体観測を行なって偏角を決めている。その観測値，東偏2°50′と，1643年にオランダのフリースが関東沖で観測して得た値，東偏7°0′[3]を比べると，4°あまりの違いがある。この差は，わずか30年間の永年変化にしては大きすぎ，当時は東と西で偏角に差異があったことを意味する。

考古地磁気のデータをみると，同様のことが7～10世紀にもあったらしく，北陸の考古地磁気データを西南日本の永年変化曲線（陶邑の須恵器窯跡など畿内のデータが主となっている）と比べると，伏角が約5°深い[4]。この北陸版永年変化曲線を用いて年代を推定すると，8世紀では数十年若くな

り，9〜10世紀では100年以上違ってくる。地方によって，また，時代によって，地磁気の方向がどれくらい違っているかを見るために，図1に，新たに得たデータを加えて修正した，九州北部の17〜19世紀の永年変化，および，6〜10世紀の北陸版永年変化曲線を描き加えてある。

今までは，地磁気の方向の地方差はあまり大きくなく，無視できるものとして年代の推定を行なっていた。しかし，このような予想以上の地方差のあることが明らかになったいま，それぞれの地方で，この地方差を補正した標準永年変化曲線を作らなければならないことになってきた。そのためには，九州や東北地方など畿内・東海から遠くはなれた地方での各時代にわたる考古地磁気測定

が必要となる。

註
1) Hirooka, K. 「Archaeomagnetic study for the past 2,000 years in southwest Japan」Mem. Fac. Sci., Kyoto Univ., Ser. Geol. Mineral., 38, 1971, 広岡公夫「考古地磁気および第四紀古地磁気研究の最近の動向」第四紀研究，15, 1977
2) 広岡公夫「考古地磁気による年代推定とその問題点」考古学研究，28-1, 1981
3) Imaiti, S. 「Secular variation of the magnetic declination」Mem. Kakioka Magnetic Observatory, 7, 1956
4) 広岡公夫「古代手工業生産遺跡の自然科学的考察—考古地磁気学，古地磁気学の立場から—」『北陸の古代手工業生産』北陸古代手工業生産史研究会，1989

須恵器関係文献目録

編集部 編

1 概説・総覧的なもの（入門書）

楢崎彰一『須恵器』日本原始美術6，講談社，1966

楢崎彰一『猿投窯』陶器全集31，平凡社，1966

楢崎彰一『土師器・須恵器』日本の陶磁—古代中世編 I，中央公論社，1976

田中 琢『須恵器』日本陶磁全集4，中央公論社，1977

田辺昭三『弥生式土器・須恵器』日本原始美術大系2，講談社，1978

原口正三『須恵器』日本原始美術4，講談社，1979

中村 浩『須恵器』考古学ライブラリー，ニュー・サイエンス社，1980

八賀 晋『須恵器』日本の美術170，至文堂，1980

田辺昭三『須恵器大成』角川書店，1981

中村 浩『窯業遺跡入門』考古学ライブラリー，ニュー・サイエンス社，1982

玉口時雄ほか『須恵器と土師器』東京美術，1984

中村 浩『古墳文化の風景』雄山閣出版，1985

中村 浩『研究入門 須恵器』柏書房，1990

村井嵓雄・望月幹夫・松尾昌彦『古墳の知識 II』東京美術，1988

2 単行本・論文（専門的なもの）

浅香年木『日本古代手工業史の研究』法政大学出版局，1971

中村 浩『須恵器窯跡の分布と変遷』雄山閣出版，1992

竹谷俊夫ほか『布留遺跡出土の初期須恵器と韓式系土器』埋蔵文化財天理教調査団，1983

西 弘海『土器様式の成立とその背景』1987

樋口隆康「須恵器」『世界陶器全集 1 —日本古代』河出書房，1958

横山浩一「手工業の発展—土師器と須恵器」『世界考古学大系 3 —日本 III』平凡社，1959

倉田芳郎「須恵器—須恵器の製作手法—」新版考古学講座5，雄山閣出版，1970

楢崎彰一「日本古代の土器・陶器」『世界陶磁全集 2 —日本古代』小学館，1979

瀬川芳則「四天王寺瓦窯址と出土の須恵器」『考古学と古代史』1982

山田邦和「須恵器・その地域性」同上

堅田 直「韓半島伝来の叩目文土器」『日・韓古代文化の流れ』帝塚山考古学研究所，1982

柴垣勇夫「愛知・岐阜の須恵器」『日本やきもの集成2』平凡社，1982

楢崎彰一編『日本陶磁の源流』柏書房，1984

平田定幸「朝倉の初期須恵器窯跡」『甘木市史資料 考古編』1984

小田富士雄「須恵器の出現」『須恵器のはじまり』北九州市立考古博物館，1984

中村 浩「窯跡構造の変遷」『日本考古学を学ぶ3』有斐閣，1986

山本 清「山陰の須恵器」『島根大学開学十周年記念論集』人文科学編，1960

楢崎彰一「古代末期の窯業生産」『日本史研究』79，1965

伊藤博幸「須恵器杯の製作技法」『考古学ジャーナル』63，1971

田辺昭三「須恵器の誕生」『日本美術工芸』390，1971

服部敬史・福田健司「南多摩窯址群出土の須恵器とその編年」『神奈川考古』6，1979

松本敏三「香川県出土の古式須恵器」『瀬戸内海歴史民俗資料館年報』5，1980

植野浩三「西日本の初期須恵器」『奈良大学紀要』9，1981

松本敏三「香川県出土の古式須恵器—宮山窯跡の須恵器」『瀬戸内海歴史民俗資料館年報』7，1982

白石太一郎「畿内における古墳の終末」『国立歴史民俗博物館研究報告』1，1982

中村 浩「須恵器の造形とその変遷」『ミュージアム』

77

416，1985

中村　浩「山城穀塚古墳出土の須恵器」『ミュージアム』
　431，1987

3 報告書・概要など

水野清一・樋口隆康・岡崎　敬『対馬』東方考古学叢刊
　2種第6冊，1953

楢崎彰一『愛知県猿投山西南麓古窯址群』1956〜1959

原口正三ほか『河内船橋遺跡出土遺物の研究』大阪府文
　化財調査報告第8輯，第12輯，1958，1962

田辺昭三『陶邑古窯址群』Ⅰ，平安学園考古学クラブ，
　1966

小玉道明・山沢義貴『久居古窯址群発掘調査報告書』2，
　4号窯，1968

松本豊胤・六車恵一ほか『香川県陶邑古窯跡群調査報
　告』香川県教育委員会，1968

坂詰秀一『津軽・前田野目窯跡』ニュー・サイエンス社，
　1969

大川　清『岩手県江刺市瀬名子窯跡群緊急調査概報』窯
　業史研究会，1969

小田富士雄ほか『塚の谷窯跡群』八女古窯跡群調査報告
　Ⅰ，八女市教育委員会，1969

小田富士雄ほか『中尾谷窯跡群』八女古窯跡群調査報告
　Ⅱ，八女市教育委員会，1969

小田富士雄ほか『野添・大浦窯跡群』福岡県文化財調査
　報告第4集，福岡県教育委員会，1970

大川　清『岩手県江刺市瀬谷子窯跡第2次緊急調査概
　報』江刺市教育委員会，1970

加藤岩蔵ほか『井ヶ谷窯址群』愛知教育大学，1970

柏倉亮吉・伊藤　忍『平野山古窯跡群』寒河江市教育委
　員会，1970

小田富士雄ほか『菅の谷窯跡群』八女古窯跡群調査報告
　Ⅲ，八女古窯跡群調査団，1970

桑原滋郎ほか『長根窯跡』涌谷町教育委員会，1971

小玉道明ほか『岡山古窯址群発掘調査報告書』四日市市
　埋蔵文化財報告，四日市市教育委員会，1971

草間俊一『瀬谷子遺跡―第3次緊急調査報告―』江刺市
　教育委員会，1971

坂詰秀一『武蔵・新久窯跡』雄山閣出版，1971

小田富士雄ほか『立山山窯跡群』八女古窯跡群調査報告
　Ⅳ，八女古窯跡群調査団，1972

中村　浩ほか『陶邑・深田』大阪府文化財調査抄報第2
　輯，1972

大川　清・向坂鋼二『早稲川古窯跡』飛鳥書房，1975

渡辺泰伸ほか「仙台市大蓮寺窯跡発掘調査報告」『陸奥
　国官窯跡群』古窯跡研究会，1976

中村　浩編『陶邑』Ⅰ〜Ⅲ，大阪府文化財調査報告第28
　〜30輯，大阪府教育委員会，1976〜1978

鳥越憲三郎・島田義明ほか『桜井谷窯跡群2-19窯跡，2-
　24窯跡』桜井谷窯跡群発掘調査団，1977

小田富士雄ほか『天観寺山窯跡群』北九州市埋蔵文化財
　調査会，1977

坂詰秀一『武蔵・虫草山窯跡』埼玉県鳩山村教育委員会，
　1977

大川　清『永田・不入須恵窯跡』考古学研究室報告二種
　第4冊，国士館大学文学部考古学研究室，1978

井藤　徹『陶邑』Ⅳ，大阪府教育委員会，1979

楢崎彰一・伊藤　稔・加藤安信・斉藤孝正『猿投山西南
　麓古窯跡群分布調査報告Ⅰ』愛知県教育委員会，1980

藤田　学ほか「吹田34号須恵器窯跡の調査」『埋蔵文化
　財発掘調査概要報告書』吹田市教育委員会，1980

坂本和俊ほか『金屋遺跡群』児玉町文化財調査報告書2，
　1981

野上丈助ほか『陶邑』Ⅴ，大阪府文化財調査報告33，
　1982

中村　浩ほか『札馬』大谷女子大学資料館報告書10，
　1983

大井邦明ほか『マムシ谷窯址発掘調査報告書』同志社大
　学校地学術調査委員会資料14，1983

山田譲一ほか『大戸窯跡群分布調査概要』大戸窯跡群を
　守る会，1983

宇治田和生ほか『楠葉瓦窯跡・粟倉瓦窯跡発掘調査報
　告』枚方市文化財研究調査会，1984

寺島孝一ほか『魚住古窯跡群発掘調査報告』平安博物館
　ほか，1985

中野知照ほか『山田窯跡群』郡家町文化財調査報告書，
　1987

武内雅人ほか『信太山遺跡発掘調査報告書』大阪府埋蔵
　文化財協会調査報告書12，1987

種本誠一ほか『青野ダム建設に伴う発掘調査報告書(1)』
　兵庫県文化財調査報告書50，1987

中村　浩・舟山良一ほか『牛頸ハセムシ窯跡群発掘調査
　報告書Ⅰ』大野城市教育委員会，1988

池辺元明ほか『牛頸窯跡群Ⅰ』福岡県文化財調査報告書
　80，1988

丸山　潔ほか『繁田古窯址発掘調査報告書』神戸市教育
　委員会，1988

渡辺　一ほか『鳩山窯跡群』鳩山窯跡群遺跡調査会・鳩
　山町教育委員会，1988

李殷昌ほか『皇南洞古墳発掘調査概報』嶺南大学校博物
　館，1975

丁仲煥ほか『昌寧桂城古墳群発掘調査報告』慶尚南道，
　1977

金鐘徹ほか『大伽古墳発掘調査報告書』高霊郡，1979

金廷鶴ほか『釜山華明洞古墳群』釜山大学校博物館，
　1979

金鐘徹ほか『高霊池山洞古墳群』啓明大学校博物館，
　1981

李殷昌ほか『新羅伽耶土器窯址』暁星女子大学校博物館，
　1982

●最近の発掘から

縄文中期後半の大集落跡——岩手県御所野遺跡

高田和徳——一戸町教育委員会

1 遺跡の位置

遺跡は岩手県二戸郡一戸町岩舘字御所野に位置している。岩手県の内陸北部に位置する一戸町は，総面積の80％を山林原野で占める山間地で，馬淵川とその支流域沿いにわずかに段丘が発達している。この段丘面を中心に遺跡が多く分布している。

御所野遺跡もこの馬淵川東岸の標高190〜200mの段丘面に位置し，東西500m，南北200mと東西方向に長く突き出た平坦面上に立地している。遺跡の周辺は，東側がそのまま山地に続くほかはいずれも数十mの崖となり，それぞれが川で囲まれている。

2 調査の経過

遺跡のある御所野地区は，昭和48年に町の農工団地に指定されていたが，平成元年度にはじめて造成に伴う事前調査を実施した。

調査では縄文中期の配石遺構群と末期古墳群を検出したが，とくに縄文時代の遺構は配石遺構を中心とした集落遺跡で，重要な遺跡である事が判明し，遺跡の保存を求める運動が起こってきた。そのため平成2年度から保存を前提とした2ヵ年の範囲確認調査と1年間の内容確認調査を計画し，4年度まで実施してきた。

平成2年度には遺跡の西側，3年度には東側をそれぞれ調査し，集落の範囲を確定し，4年度は遺跡中心部の配石遺構の下とその周辺を調査し，遺跡の構造の把握に努めている。以下，縄文時代中期後半（大木8a式から10式）の遺構について紹介したい。

なお遺跡の取り扱いについては，当初から開発か保存かをめぐってもめてきたが，平成3年6月の町議会で，「保存を求める請願」2件を採択し，遺跡は保存されることが正式に決定している。

3 遺跡の構成

東西に長い平坦面の中央やや西よりに配石遺構群が分布している。東西80m，南北50mの範囲で，東西にそれぞれ1単位の配石遺構群がある。配石遺構群の南側は2，3m程高くなり，遺物が多量に出土しているが，この部分は後述するように盛土層で，縄文時代の大規模な造成工事を確認できた場所である。配石遺構群の北側は緩やかな斜面となり，遺物が多量に出土し，包含層を

形成しているがその範囲は狭く，そのまま崖に連続している。

以上の遺構群の外側では，西から南，さらに東側にかけて幅20〜30mの範囲に竪穴住居址群が分布しており，その数は100棟以上を数えるものと思われる。以上のように遺跡の中央部では配石遺構群を中心とし，その周囲に竪穴住居跡が分布する馬蹄形の集落構成となっている。

竪穴住居跡群はそのほかにも，東・西の両側にも広く分布している。とくに東側では，中央部の間に遺構が希薄な箇所もあり，その東南側に遺構が密集している。確認面積は4割に過ぎないが，その中で200棟近い竪穴住居跡と100近い土壙を検出している。

西側は馬背状の丘陵の中央から北東斜面にかけて，竪穴住居跡が密集している。50〜70棟程は確認しており，最終的には100棟を越すものと思われる。西側の調査区の端は10〜20mの段丘崖となり，その直下が馬場平遺跡となっている。昭和53年に国道4号一戸バイパス建設工事に伴う調査を実施しているが，大型住居跡4棟を含む40棟の住居跡を検出している。しかも御所野遺跡とほぼ同時期の遺跡であり，当然御所野遺跡と関連ある遺跡で，西側の集落に含めて考えることができる。東西の集落には，いずれも配石遺構はなく竪穴住居跡や土壙群，さらに埋設土器などが検出されているだけである。

以上から遺跡は，配石遺構を中心に，中央部に馬蹄形の集落があり，さらに遺跡の東側から西側，さらには馬場平遺跡まで分布する大集落跡である事が判明した。しかも各地区からは，大木8aから10式までの土器が出土しており，遺跡が営まれた当初から各地区にそれぞれ遺構が分布し，遺跡が消滅するまで連続した可能性が強い事を示している。したがって集落が変遷し，最終的にこのような遺構の分布状況になったものではない。

竪穴住居跡は，径2〜3mの小型から10mを越す大型住居跡まで種々あるが，各地点とも，昭和55年に馬場平遺跡で分析したように，大，中，小の竪穴住居跡が一定のまとまりをもって分布し，最終的には400〜500棟以上の大集落となるであろう。

4 配石遺構群と周辺の遺構

配石遺構は，基本単位は2〜3mで，それが集合しさ

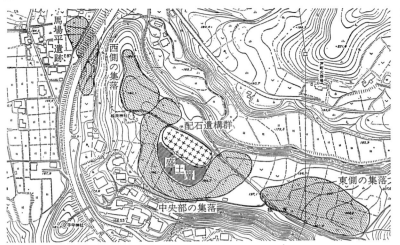
遺跡全体図

らに大きな単位を形成している。すなわち平成2年度に報告しているように、東側に径40×20mの楕円形、西側に径20m程の円形の2つの大単位のまとまりがある。西側は表土層が薄く、保存状態もあまり良くないため、個々の単位もやや不明であるが、東側とは若干形態も異なっているようである。東側の個々の配石は円形で、そのいずれか端に立石をもつものが多い。

配石遺構群の周辺には、径1m程の小判形の土壙が密集しており、なかには配石遺構の下でも検出している。いずれも深さ30～50cmと比較的浅い土壙であるが、配石遺構の分布に沿ってほぼ一巡するものと思われ、中央部は空白地帯となっている。以上の形態や規模、さらに配置から小判形土壙は墓跡と考えられ、配石遺構は墓に伴うことが判明した。

墓壙の周辺では、掘立柱建物跡群を検出している。柱穴は多数検出しているが、調査区域が限られているため長方形プランで2×1間の建物跡を3棟までしか確認していない。各建物跡の軸方向は、いずれも配石遺構群の中心部を向いており、しかも各墓壙群に対応する可能性が強い。また長軸方向が南北方向に近いものもあるが大半の墓壙は配石遺構の中心に長軸の方向が向いている。

以上からかつて岩手県の西田遺跡や山形県の西海渕遺跡で明らかになったような中心部から同心円状に墓壙、掘立柱建物跡、竪穴住居跡などの遺構が分布する構成と極めて近い可能性が強くなっている。また配石遺構群の外側に掘立柱建物跡が分布し、一巡する事から、縄文後期で一般的になる秋田県鹿角市の大湯環状列石や高屋舘跡とに近い構造となっている。

しかも御所野の配石遺構群は、同一場所に2つの大単位があり、その周囲に竪穴住居跡が分布している。この2つの配石遺構群は東西から中央部にかけての集落跡と対応する可能性が強く、墓壙と集落の関係を知る上で格好の遺跡となるであろう。

5 縄文中期の造成工事

ところで遺跡の墓域はほぼ全域が平坦で、その南側が2～3mほど一段高くなっている。この高い部分にトレンチを設定し調査したところ、幅20m、長さ60mの範囲で厚さ30～50cmの盛土層を確認した。詳しい層序は省略するが、自然層序Ⅲ層の上に本来は下位にあるⅣa、Ⅳb、Ⅴ層がそのまま堆積し、明らかに土層が逆転している事を示している。また配石遺構群の平坦部では、Ⅳb層、あるいはⅤ層で各遺構を検出しているが、明らかにⅢ層、Ⅳa層を欠いている。以上から配石遺構群周辺で大規模に土を削平し、それを南側に盛土した可能性が強い。盛土した範囲はおおよそ1,200m²に達する。

ところで盛土層上からは遺物が多量に出土している。とくに激しく焼けた獣骨や炭化物の多いことが注目される。周辺には屋外炉などが多く分布しており、あるいはこの盛土層も祭祀などが取り行なわれた場所であった可能性がある。盛土層下では大木8a式の竪穴住居跡を検出しているし、盛土層から出土する土器はそれ以降のものである。したがってこの造成工事は大木8b式以降に実施された可能性が強い。したがって墓域の形成もこの時期以降と考えている。

最近縄文時代の大規模な造成工事の例が東北北部で2～3例確認されている。秋田県の狐岱遺跡や烏野遺跡、岩手県二戸市の荒谷遺跡などである。荒谷遺跡では御所野と同じく配石遺構群の周辺を大規模に削平し平坦面を作り出している。以上から縄文時代中期にはすでに組織的な工事を実施していたことがほぼ確実になってきており、注目される。

註
1) 一戸町教育委員会『一戸バイパス関係埋蔵文化財調査報告書』1983
2) 高田和徳「岩手県二戸郡一戸町御所野遺跡」日本考古学年報42, 1989
3) 岩手県教育委員会『東北新幹線関係埋蔵文化財調査報告書Ⅶ』1980
4) 鹿角市教育委員会『大湯環状列石周辺遺跡発掘調査報告書(1)～(4)』1985～1988
5) 小畑 巌「秋田県鹿角市高屋館跡」日本考古学年報42, 1989
6) 大野憲司『秋田県埋蔵文化財センター研究紀要』秋田県埋蔵文化財センター, 1991

縄文中期の配石遺構群が発見された
岩手県御所野遺跡

東側の竪穴住居跡群

遺跡中央部の空中写真

御所野遺跡は，遺跡中央部の配石遺構群を中心とし，中央部と東西にそれぞれ500棟以上の竪穴住居跡が分布する縄文中期後半の大集落跡である。配石遺構群は大きく二分され，その下に墓壙を伴い，周辺に掘立柱建物跡群が分布している。以上の墓域はあらかじめ大規模に造成され，南側に盛土層が広く分布している。

構　成／高田和徳　　写真提供／一戸町教育委員会

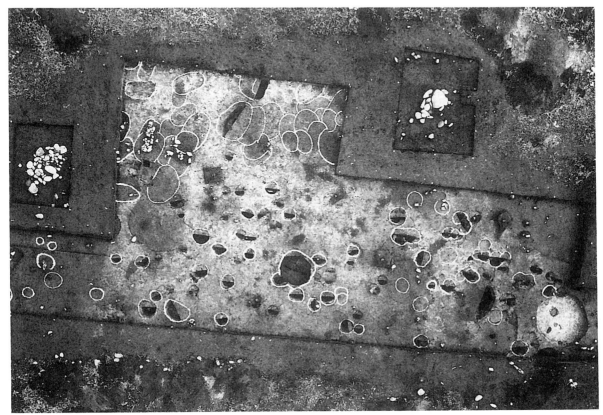

墓域の空中写真（配石遺構，墓壙，掘立柱建物跡）

岩手県御所野遺跡

中央部の大型住居跡

配石遺構群の全景

個々の配石遺構

立石を持つ配石遺構

個々の配石遺構

御主殿内部の調査が始まった
東京都八王子城跡

東京都八王子城跡は、八王子市の西部に位置する後北条氏の山城である。16世紀後半頃に築城されたが、豊臣秀吉の小田原攻めの一環として猛攻を受け、1590（天正18）年に落城している。城主は三代当主氏康の次男北条氏照で、1992年度はその城主の居館（御主殿）と考えられている地域の一部を発掘調査し、礎石建物跡などの遺構を確認した。

　　構　成／戸井晴夫
　　写真提供／八王子市教育委員会

礎石建物跡 SB 01（東から）

砂利敷通路 SS 02（東から）

砂利敷通路 SS 02 下部暗渠

敷石通路 SS 01

同暗渠断面

東京都八王子城跡

礎石建物跡 SB 03

土坑 SK 01（奥は SB 03）

敷石水路

庭園状遺構 SG 01

敷石水路

敷石水路

敷石通路 SS 03

●最近の発掘から

後北条氏最大の支城——東京都八王子城跡

戸井晴夫 八王子市教育委員会

1 はじめに

　国史跡八王子城跡は東京都八王子市の西部，元八王子町三丁目および下恩方町に位置する広大な山城である。戦国時代に小田原に本拠をおいた後北条氏の最大の支城で，城主は三代当主氏康の次男北条氏照である。

　八王子城の築城年代については明確な史料がなく，諸説があるが，現在は16世紀の第4四半期頃と考えられている。しかし，落城の時期は明らかで，豊臣秀吉の関東制圧・小田原攻めの一環として1590（天正18）年6月23日に前田利家・上杉景勝らの猛攻を受け，わずか1日で落城したとされている。

　八王子城跡は，標高約 460 m の山頂部を中心とする要害地区，城主の居館（御主殿）などからなる居館地区，家臣団の屋敷や寺院の伝承地の根小屋地区および外郭の防御施設に大別される。

　八王子市教育委員会では1977年から根小屋地区を中心に遺構の確認調査を実施してきた。しかし，1984年に八王子城落城後400年目にあたる1990年をめどに，八王子城跡御主殿地区の整備を記念事業として推進することが決定した。このため，1986年に初めて御主殿地区の試掘調査を実施した。この結果，予想以上に良好に遺存する虎口石段の一部を確認することができた。その後，虎口部分の完掘などの環境整備にかかわる地域の発掘調査を実施し，とくに1987年の御主殿内部の試掘調査では礎石建物跡の一部を確認することができた。これらの成果を基に1988年までに整備計画が具体化され，翌1989年末から1991年3月まで整備工事を実施し，虎口部分までの第1期環境整備が終了した。その後，整備の対象を礎石建物跡の確認されている御主殿内部へと移し，その様相を探るべく1991年から本格的な発掘調査を開始して92年が2年目に当たることになる。

2 1992年度の調査

　御主殿は要害地区の南東側，約 200 m 下った地域に設けられている。この地域は南北約 40 m，東西約 90 m の土塁に囲まれた造成地で，北側は急峻な斜面となり南には城山川が流れている。整備された虎口は北東部に位置する。1991年は，1987年に試掘調査を実施できなかった御主殿中央部を中心に調査を行ない，礎石建物跡を新たに1棟確認した。1992年度の調査は御主殿内部の西半部を中心に，1987年にその一部が確認されている礎石建物跡の完掘を目的として開始した。調査期間は5月11日から10月30日まで，調査面積は約 1,500 m² である。

　なお，調査終了後間もないため，今回は全体図を示すことができないことをお断わりしておく。また，口絵および以下で説明する遺構につけられた記号・番号なども今後変更される可能性がある。

3 遺構

　確認された遺構は礎石建物跡4棟（内1棟は1991年確認した礎石建物跡の一部と考えられる），敷石通路4基，砂利敷通路2基，土坑1基，敷石水路5本，庭園状遺構1基などである。調査区域の制限から完掘できたのは礎石建物跡1棟とそれに伴う敷石および砂利敷通路各1基のみである。

　礎石建物跡 SB 01 は東西に長い 11×6 間の建物であるが，1間内側をめぐる礎石列が各礎石間に小型の礎石を伴っていることから，この部分まで（8×4 間）が建物本体であった可能性が高い。これは，南端の礎石列に接して幅約 4 m の敷石通路 SS 01 があり，北側には幅約 2 m の砂利敷通路 SS 02 が同様に存在することからも推測される。礎石の規模は1991年調査した礎石建物跡のものより大きく，火災に遭っているため柱痕が明瞭に観察できるものが多かった。

　敷石通路 SS 01 は雨落溝と思われる溝を2本伴っている。この溝は幅約 40 cm で底部に石は敷かれておらず，深さも約 10 cm と浅い。南側の溝は敷石内で終結しており，いわゆる「吸い込み」として雨水を処理していると考えられるのに対して，北側の溝は建物西側の敷石水路に連結している。

　敷石通路 SS 03 は，SS 01 の南西部に直交するように敷かれているもので，範囲は約 2×6 m である。

　砂利敷通路 SS 02 は南側の敷石通路と対応するように位置し，直径 10～20 mm の小砂利を 5～10 cm の厚さで敷き詰めている。さらに，この砂利敷の下部には雨水が溜まるのを防ぐために暗渠排水施設が設けられている。これは，敷石の中央を約 50 cm の幅で東西方向に走っており，西端は敷石通路同様建物西側の敷石水路に連結している。深さは約 40 cm で，拳大の礫が詰められている。

　礎石建物跡 SB 02 は，調査区北西部にその一部を確認した。礎石建物跡の南西隅に該当し，位置関係から1991

図1 石敷通路 SS 04

図2 礎石建物跡 SB 01 柱痕

年調査した礎石建物跡の一部と考えられる。この礎石建物跡の西部にも砂利敷通路が確認されている。主軸はSB 01 と同一である。

他の礎石建物は，調査区域外西方に連続するものが2棟（SB 03・04）である。

礎石建物跡 SB 03 は調査区南西部で確認された。この区域は敷石水路で区画されている。確認できた範囲では5×3 間程度のやや小規模な建物になるようである。主軸は SB 01 と同一である。

礎石建物跡 SB 04 は調査区北西部の一段高くなる地域にその一部を確認したもので，奥行2間の建物が北へ延びているものと思われるが，詳細は不明である。主軸は他の建物と異なり，やや西に傾く。

土坑 SK 01 は調査区南西部，SB 03 の北側で確認されたもので，規模は約 6×2 m，深さ約 70 cm の凹字形プランの落ち込みである。壁の一部は石垣で囲まれており，階段状の施設も認められる。

敷石水路は調査区域内を区画するように縦横に走っており，それぞれが結合しながら北および西方向へと連続している。礎石建物跡 SB 01 の西側に接する部分を除き，幅約 30 cm，深さ 10～20 cm を測る。SB 01 の西側は一段高くなる地域との境界になるため幅は 80～100 cm と広く，西壁は石垣になっている。

これらの敷石水路は御主殿内の雨水を外（西方向）へ排水する目的で設置されているものと考えられるが，一部の溝は勾配が御主殿内（北方向）に向かって傾斜している。

庭園状遺構 SG 01 は，礎石建物跡 SB 01 北側の砂利敷通路に接するように展開しており，さまざまな大きさの岩が40点ほど配置されているものである。また，一部に敷石が施されている箇所があり，通路が設置されている可能性がある。詳細については今後の検討を待たねばならないが，現段階では庭園と考えられる。

この他に，調査区域外へ延びる敷石通路が調査区北西段上に確認されている。

4 出土遺物

遺物は約60,000点出土している。大部分が陶磁器類で，明朝萬暦期の舶載染付磁器皿や碗，国産品では常滑産の甕・壺や瀬戸・美濃産の灰釉陶器類，初山・志戸呂窯の鉄釉陶器類がある。金属製品では鉄釘が礎石建物跡から多く出土しているのが目立ち，他の銅製の戸締金具も数点認められた。武器武具類は少なく鉄弾・銅弾および鎧の小札がある。今回もっとも特徴的な点は，遺物の大半が北西部段上から出土した舶載染付磁器片で占められていることである。従来の調査では舶載磁器が国産陶器の量を凌ぐことはなく，この段上部の性格が今後の検討課題の一つとなっている。この他に交趾釉の紅皿や藍彩の碗といった従来出土していない製品も認められた。また，特異な遺物としてベネチア製と思われるレースガラス片が30片余り出土している。

5 おわりに

1992年度の調査は御主殿地区の全面調査を目的とした調査計画の初年度に当たるものであるとともに，今回ほど広範囲に御主殿内部の発掘調査を実施したのは八王子城跡発掘の歴史の中でも初めてのことである。冒頭でも述べたように，現在はまだ整理作業の初段階であるため，今後の作業の進展に伴って新たな発見がある可能性が高い。しかし，御主殿地区の，まさに「御主殿」と考えられる規模の礎石建物跡の確認をはじめ，庭園状遺構や通路といった建物に付随する施設の発見は，御主殿の形態を明らかにするうえで極めて貴重であり，今回の調査は予想以上の成果を上げることができたといえよう。

また，1993年度に予定されている御主殿東半部の調査によって，御主殿の全容が解明できる可能性がある。

なお，本報告は1993年度の御主殿東半部の調査完了後にその成果と併せて作成にかかる予定である。

連載講座
縄紋時代史
16. 縄紋人の領域(3)

北海道大学助教授
林　謙作

　前回，小林達雄の領域についての発言をとりあげ，いくつかの問題を指摘した。そのなかでは触れなかったが，小林と私のあいだには，領域というものを設定する立場そのものの食い違いもある。縄紋人の領域の説明からははなれるが，今回は領域を設定する立場・枠組みについて，私の考えを述べることにしよう。

1. 領域と分布圏

　小林の意見を簡単に要約すれば，ひとつの〈土器様式〉の分布圏が，ひとつの〈核領域〉にあたることになる，といっても差支えないだろう。小林の考えている領域は，土器の分布圏と切っても切れぬ関係にある。土器の分布圏を手掛かりとして領域を復元しようという試みは，縄紋文化の研究のなかで，かなりながい履歴をもっている。最近の可児通宏の論文もそのひとつである[1]。ここで可児がとりあげているのは，「諸磯様式」のなかの「撚糸文」（図1—1〜5），「貝殻背圧痕文」（同6〜9）というふたつの「タイプ」である。これらの土器は，いずれも口頸部に区画帯はあっても紋様は表現されておらず，体部と同じく絡条体・貝殻（腹縁・背面）をもちいた地紋だけが施紋されている。仕上げも粗雑で，器面の凹凸がはげしい。器種は深鉢のみ[2]。

　多摩川・相模川にはさまれた地域の北部，つまり多摩丘陵一帯が，この二種類の土器の分布圏であるが，丹沢山地南麓の秦野盆地にも飛び地がある。また貝殻背圧痕紋タイプの分布圏は，撚糸紋タイプよりも南北にひろがり，北は関東山地南縁，南は横浜市北部（港北ニュータウン）が分布限界になる（図2上）。これらの土器の分布する範囲はせまく，しかもかざりが乏しいから，ほかの集団との交換の対象となったとは考えにくい。したがって，撚糸紋タイプ・貝殻背圧痕紋タイプの分布圏は，ひとつの集団の移動範囲——領域をしめしている，と考えてよい。とすれば，多摩丘陵を本拠とする集団の領域は，秦野盆地

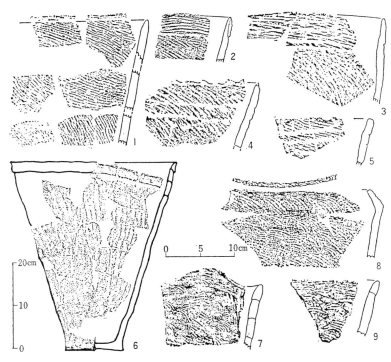

図1　撚糸紋（1〜5）・貝殻背圧痕紋（6〜9）タイプの粗製土器（註1による）

図 2 貝殻背圧痕紋タイプ（上）・撚糸紋タイプ（下）の分布
（註2の第2・3図を改変）

をのぞいたほぼ 300 km² の範囲ということになる，というのが可児の見解である[2]。

おなじ論文集のなかで，小薬一夫は関山期の住居を分類し，その結果を手掛かりとして，関東地方の縄紋前期の領域の復元をこころみている[3]。小薬によれば，関山期の住居はA～Fの六型式に分類できる（表1，図3）。ただし，このうちD（図3—5）は榛名・赤城山麓に，E（図3—6）は千曲川流域に分布の中心があり，利根川・荒川・多摩川の流域にはおよんでいない。またF（図3—7）は多摩丘陵より南の地域を中心として分布するらしいが，確実な例はごく少ない[4]。したがって，東京湾沿岸の地域の関山期の住居は，A（図3—1）・B（図3—2）・C（図3—3・4）の三型式で代表されることになる。

多摩丘陵の関山期の住居はすべてAで，下総台地ではすべてCである。その中間にある武蔵野台地・大宮台地では，Aが主流になりながら，B・Cもいりまじっている（図4）[5]。分布のうえでは，Bがこの地域の固有の型式だということになるが，まだ発見例が少ない。東京湾をはさむ東西の地域に，それぞれC・Aの分布の中心があり，中間の地域では両者がいりまじっている，と見ることもできるかもしれない。それぞれの分布範囲の端と端を直線距離ではかってみると，Aが 60 km 前後，Cが 70 km 前後，Bは 30 km でA・Cの1/2ほどになる。これはこの種の住居の発見例が少ないこととかかわりがあるのかもしれない。

小薬は，住居は土器のように物自体が人手をつたってほかの地域に移動する，といった性質のものではない，ということを指摘する[5]。その事実を念頭におけば，多摩丘陵，武蔵野・大宮台地，下総台地に分布している違った種類の住居，あるいは住居の組合わせ

表 1 関山期の住居の型式分類（註4による）

型式	形 態	種類	炉の位置	主柱の位置	数	備　　　　　考
A	長方形・台形	地床炉	長軸一端より	短辺壁際・中央	6	a 壁柱のみ→b 壁柱+主柱（6）→c 主柱（6）+壁溝の変遷
B	方形	地床炉	主柱傍	中　央	2	壁柱／壁溝のあるもの・ないものがある
C	不　定	地床炉	中　央		ナシ	円形・方形の場合もある
D	長方形	石組炉	ほぼ中央	短辺壁際・中央	6	短辺上の柱はAより内側に入る。炉は三辺を囲うコ字形
E	方形・隅丸方形	地床炉	主柱対角線上	床面対角線上	4	
F	円　形	地床炉	主柱対角線上	床面対角線上	4	

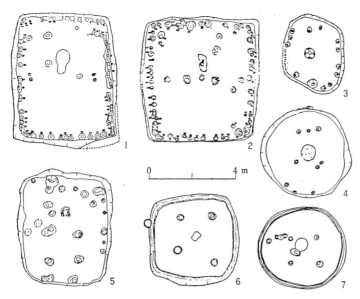

図 3 関山期の住居型式（註3による）
A：1（埼玉・宮ヶ谷塔14号） B：2（同左11号） C：3（埼玉・風早15号） 4（千葉・谷津台13号） D：5（群馬・諏訪西8号） E：6（長野・阿久25号） F：7（神奈川・能見堂1号）

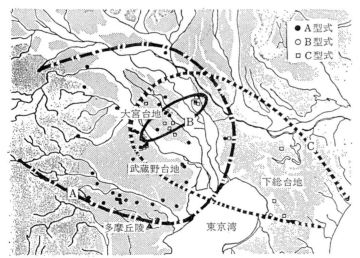

図 4 関山期の住居型式の分布（註4の第2図を加筆・改変）

は、「一定の規範あるいは共通認識をもった集団の移動行為をも含む直接的な広がり」をしめしており、「住居を共通規範とする集団の活動領域を指し示す一つのエリア」に置きかえることができる、という[6]。

埼玉・打越の関山期の集落では、A・C二型式の住居がいりまじっており、伴う土器型式のうえでも、住居の配置のうえでも区分できない[7]。小薬は、この事実は「住居型式を異にする少なくとも二つの集団が、土器型式では区別できない時間差をもって、あるいは同時期に、しかも特別住居構築域を異にすることもなく占地していたこと」をしめしている、と解釈する[8]。とすれば、住居の型式を手掛かりとしてとらえることのできる活動領域は、「目に見えるような明確な線引きを有する不可侵的なものでは決してなく、むしろ（中略）集団の差を超えて広く共通の選地として利用」できる性質のものであった、という[9]。

可児・小薬の意見は、それぞれ注目をひく内容をふくんでいる。さしあたり、中身の検討はさておいて、ここでは両氏が採用している手法を検討してみることにしよう。可児は、分布範囲がほぼかさなる二つの要素、小薬は分布の範囲にズレのある三つの要素を取りあげている。その点では、可児と小薬は違う手法をとっているようにみえる。しかし、二人の手法は、おなじ原理にもとづいている。

可児の場合には、東京湾沿岸の地域を撚糸紋・貝殻背圧痕紋土器が分布している地域、撚糸紋・貝殻背圧痕紋土器の分布していない地域、つまり性質の違うふたつの地域に分割しているわけである。小薬の多摩丘陵、武蔵野・大宮台地、下総台地という三つの地域の区分も、理屈のうえでは、おなじ手続きをくり返した結果だ、といえる。可児・小薬がここで採用している手法は、

1 かなり広い範囲を対象として、
2 いくつかの要素が分布しているか・いないかを基準として、
3 地域を区別し、線引きをする

という点でも、一つのものだといえる。

2. 等質モデル・機能（結節）モデル

いま、われわれになじみの深い考古学上の地域の区分——たとえば杉久保型ナイフと国府型ナイフ、亀ヶ岡式土器と滋賀里式土器、銅鐸と銅剣・銅鉾の分布圏——を思いだしてみよう。みな対照

89

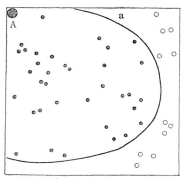
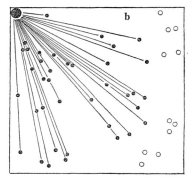
● 黒曜石出土 ○ 黒曜石ナシ ━━ 分布範囲

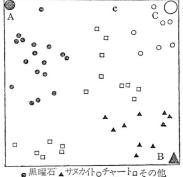
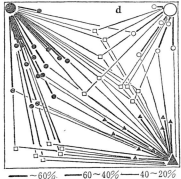
●黒曜石 ▲サヌカイト ○チャート □その他
　主体　　主体　　　　主体
　　　　　　　　　　　━60%─ ─60～40%─ ─40～20%─

図 5　等質モデル（a，c）・結節モデル（b，d）による分布図の例

的な分布をしめす二組の要素を取りあげ，ある要素の分布している地域・べつの要素の分布している地域を区別している。縄紋時代にかぎらず，いまの日本の考古学では，分布の問題をあつかう場合には，ほとんど例外なく，これとおなじ方法を用いている。その点で，可児・小薬の地域の区分も例外ではなく，きわめてオーソドックスな手法だといえる。

　この方法では，ある要素が分布しているか・いないか，そこから作業がはじまる。おなじ要素の分布している地域はおなじ性質（＝等質）の地域，その要素の分布していない地域・べつの要素の分布している地域はべつの性質（＝非等質）の地域とするわけである。考古学にかぎらず，地理学・言語学・人類学などさまざまな分野でも，このような区別を取りいれている。この方法は「地域的な不連続が存在し，同時に，そのことが地域のさまざまな性格（中略）と結びつく。換言すれば，地理的に意味のある境界線が存在する」[10]ことを前提としている。地理学では，このような地域の区別のしかたを「等質モデル」，それにしたがって設定された地域を「等質地域」とよんでいる。これと

対照的なのが結節（機能）モデルである。「機能的な中心地や，あるいは結節点を核にして，そこと結びついている地点の集合が，最もシンプルな形の機能地域である」[11]。等質モデル・結節モデルはどのような点に違いがあるのか，次の例で考えてみよう。

　ある地域に，原産地Aの黒曜石のでている遺跡・でていない遺跡が分布しているとする。これを分布図で表現しようとすれば，われわれはまず黒曜石のでている遺跡（黒丸）・でていない遺跡（白丸）をわけ，図面のうえにそれぞれの位置を書きこむだろう。そして，黒丸のひろがりの縁に線引きをして，原産地Aの黒曜石の分布圏（黒曜石の供給圏）とするだろう（図5a）。これが等質モデルにもとづく分布図である。ここで，原産地Aの黒曜石があるか・ないか，それが遺跡をふりわける基準だ，ということに注意しよう。等質モデルの土台となるのは，あるか・ないかの区別だ，といっても差支えない。図5aにひいた線の内側には黒丸・外側には白丸だけが分布している。線の内側と外側は，まったくべつの世界で，共通する特徴はない。それをこの図面は伝えている。

　ある遺跡から原産地Aの黒曜石がでているということは，その遺跡が，黒曜石の供給という機能をなかだちとして，原産地Aと結びついている，といいかえることもできる。このような立場から分布図をつくれば，図5bのようになる。ここで問題にしているのも，おなじあるか・ないかの区別である。ただし，原産地と遺跡の結びつきなのだ。その結果，いくつもの遺跡への黒曜石の供給源（＝結節点）としての原産地Aが，図面のなかで浮かびあがってくる。分布図そのものから読みとれる中身はaとおなじだが，きわめて単純なかたちではあるが，図5bは結節モデルにもとづいた分布図なのだ。

　ところで，この地域の遺跡からは，原産地Aの黒曜石ばかりでなく，原産地Bのサヌカイト・原産地Cのチャートもでてくるとしよう。等質モデ

ルにもとづいても，この状態を表現することはできぬわけではない。適当な数値（たとえば75％）をえらんで，黒曜石（黒丸）・サヌカイト（黒三角）・チャート（白丸）が中心になる遺跡，どれが中心ともいえぬ遺跡（白四角）にわければ，分布の傾向を読みとることはできる（図5c）。しかしたとえば黒曜石が75％をしめる遺跡で，のこる25％の中身がどうなっているか，となるとこの図面から読みとることはできない。

さきに指摘したように，等質モデルの土台となるのは，あるか・ないかの区別である。だからいま問題としている地域のある遺跡で，サヌカイトが中心となっている（75％を超えている）ということを正確にいいあらわせば，この遺跡では，

　　1黒曜石の比率は75％にならない
　　2チャートの比率も75％にならない
　　3そのかわり，サヌカイトの比率は75％あるいはそれ以上である

ということで，黒曜石・チャートの比率がどれだけになるか，ということを組みこむ余地はない。ひとつひとつの遺跡で，中心となる岩石以外の種類がどれだけの比率を占めているか，どれが中心となるともいえぬ遺跡では比率がどうなっているか，そういった問題は，結節モデルによる分布図（図5d）でなければ表現できない[12]。

等質モデル・結節モデルには，いまひとつ見逃すことのできぬ違いがある。等質モデルは，観察の対象としている地域を，いくつかの不連続な面にわけることを目的としている。いくつもの地点のあいだの比較が成り立たなければ，等質モデルを適用することはできない。したがって，等質モデルをもちいて観察をすすめる場合には，可児・小薬のように，ある程度のひろがりのある空間を対象としてえらぶことになる。等質モデルにもとづく観察は，外から・上からの観察になる。

それに対して，結節モデルで問題になるのは，ふたつの地点が結びつくか・つかぬか，ということである。したがって，等質モデルのように，いくつもの地点・地点の面としてのひろがりがなければ観察が成り立たぬわけではない。極端なばあい，ただふたつの地点の関係を，結節モデルをもちいて観察することもできる。したがって，結節モデルによる観察は，内から・下からの方向をとることになる，といえるだろう。ただし，図5の例の黒曜石・サヌカイト・チャートの原産地のよ

うに，人・もの・情報の流れが集中するところが，大まかではあっても，わからなければ，結節モデルを適用することはできない。

3.　面・線・点——領域の構成

縄紋人の領域という問題を考えるうえで，等質・結節の二種類のモデルの違いは，どのような意味をもってくるだろうか。その問題は，われわれがどのような材料をもちいて領域を復元しようとするか，その点と切り離すことはできない。さきにとりあげた可児・小薬の復元している領域の場合はどうだろうか。可児のとりあげている土器の「タイプ」は，これよりもこまかく分布の中心を絞りこむことはできそうにもない，小薬がとりあげている住居の型式にしても，Ａ・Ｂ・Ｃがそれぞれ多摩丘陵・武蔵野／大宮台地・下総台地で成立し，分布の中心となっているのかもしれない。しかしある型式の住居が，はじめて成立したのがこれらの地域のなかのどの地点なのか，そこまで絞りこんでゆくことはできそうにもない。

両氏の推測が，等質モデルというデータの扱いかたの制約を受けていることはいうまでもない。ただし，そこで扱っているデータが，結節モデルを適用できるような性質のものでないこと，いまのところ結節モデルで処理できそうなデータはほかにないことも事実である。とすれば，両氏の結論にみられる制約は，避けようのない性質のものだ，ということになる。

土器や住居の型式だけが，このような事情のもとにあるわけではない。われわれが型式としてとらえている遺物・遺構・遺跡のなかで，弥生時代の銅鐸，古墳時代以降の鏡・須恵器・瓦などのように，ある工人（つくりて）と結びつけることができるものは皆無といってよい。少なくともいまのところ，われわれがとらえている縄紋時代の遺物・遺構・遺跡の型式をつくりだしたのは，とらえどころのない「集団」である。むしろ可児がとりあげている撚糸紋タイプ・貝殻背圧痕紋タイプなどは，ひとつの型式のなかで，もっとも分布範囲のせまい要素であることに注目すべきだろう。可児が「局地分布型」[13]とよんでいる土器の観察や分析は，領域について新しい解釈や見通しを提供する可能性がきわめてたかい。しかし，縄紋時代のばあいには，弥生よりのちの時代にくらべて，絞りこめる範囲は限られていることは予想できる。

91

銅鐸・鏡・須恵器・瓦などの型式は，ある程度まで発達した社会的な分業のなかでできあがっている。だからこそ，一つの型式を，特定の工人あるいは工人集団と結びつけることができるのだ。その背景には，工人の集団を専門家として養っていくだけの余剰の蓄積が必要である。それとともに，生産のプロセスやシステムそのものが，素人では手が出ないほど特殊なものになっていなければならない。縄紋時代に専門家の知識・経験を必要とするような技術があっただろうか。ここではくわしく説明する余裕はないが，縄紋時代には，あたらしい技術や道具が発明されたとしても，かぎられた範囲の人々がそれをひとり占めにすることはまずなかった，といって差支えないだろう。そもそも，新しい技術そのものが，ひとつの地域の住民の創意・工夫の産物というよりは，いくつかの地域の伝統の交流や触れ合いのなかでうまれている，というのが実情のようである。

一言でいえば，縄紋人のもっていた技術には，社会的な分業と結びつく要素はほとんどない。縄紋時代の技術が，このような性格のものであるとすれば，遺物・遺構などの型式がどこではじめて成立するのか，ある程度まで絞りこむことはできるにしても，それには限度がある，ということになる。とすれば，遺物・遺構の型式を手掛かりとして領域を復元しようとする場合にも，結節モデルを適用できる場合よりは，等質モデルにしたがって分析・解釈をしなければならぬ場合のほうが多いということは，あらかじめ予想できる[14]。

これは縄紋社会だけに特有な事情ではない。ヨーロッパでも，結節モデルを適用した領域や交易の分析は，青銅器時代よりのち，鉄器時代・歴史時代のデータを利用している場合が圧倒的に多い[15]。新石器時代より古い時期になると，石斧・黒曜石など，原産地のあきらかな資料だけをとりあげているのが実情のようである[16]。社会的な分業が発達していない社会では，原産地を絞りこむことのできるかぎられた資源をのぞけば，人・もの・情報の流れの方向や中心地をわりだすことは難しい。このような事情のもとでは，等質モデルにもとづく推測にたよることが多いのはやむをえない。しかし，等質モデルを適用した推測には，大まかさ・あいまいさがつきまとう。結節モデルを利用できるようなデータをつみかさねる努力を払うべきだろう。石器の原料と供給源，土器の胎

土などの理化学的な分析ばかりでなく，土器をはじめとする各種の遺物・遺構の型式のこまかな分析も，重要な情報源になる。

ところで，可児が撚糸紋タイプ・貝殻背圧痕紋タイプの土器の工人であり，使人である人々が，およそ300 km²ほどの範囲を領域として移動していた，と推定していることはすでに紹介した。小薬も，「A型式の住居を構築した集団は，（中略）離合集散を繰り返すことによって集団を維持」しており，「その移動は，住居型式圏で示された30〜60 kmほどの範囲で展開されていた」[17]と推定している。両氏は，ひとつの集団の領域はかなり広い面積になる，と考えている。可児の推定している面積を円におきかえてみると，半径10 kmたらずになる。赤沢威が推定している遺跡テリトリーは，半径5 km以下の範囲におさまる。可児の推定は，赤沢の推定する半径の二倍，面積にすれば四倍ちかくなる。どちらが正しいのか，その詮索はしばらく棚上げにして，さしあたり可児・小薬が推定している領域の性質を考えてみよう。

両氏が指摘しているのは，ひとつの集団の周期的な運動の軌跡だ，といえる。移動の周期がどのくらいの長さになるのか，そこはあきらかでない。しかし，たえず移動をつづけていたわけではなく，滞留・移動をくりかえしており，どちらかといえばひとつの根拠地（＝集落）に滞留している期間のほうが長かった，と推測することはできるだろう。食料や燃料の調達のように，毎日ではなくとも，きわめて短い周期でくりかえす活動のおよぶ範囲は，300 km²あるいは30〜60 kmというひろい面積ではなく，集落を中心とするかなりせまい範囲のなかにおさまっていたのだろう。

関山期の住居型式から推定できる直線距離にして30〜60 km，諸磯期の局地分布型の土器から推定できる300 km²という「領域」は一枚板のようなものではない。土器・住居の型式を手掛かりとしてとらえた，目に見えている領域，そこにもぐりこんでいる，目に見えていない領域（下位領域）がいれこになっている。赤沢が遺跡テリトリーとなづけ，範囲を推定したのは，目に見えていない方の領域だ，と考えることができるだろう。その一方，土器や住居の型式にうつしだされている，目に見えている領域の中身は，私が核領域とよんだものとおなじである。ただし，領域というものの全体のすがたを，この二つの要素だけで説明し

つくすことはできない。

　ここで立場をかえて，集団の拠点となる集落というものの性格と，その住民がどのようにして必要な物資を調達していたか考えてみよう。集落は，そこを拠点としている人間の，さまざまな活動の結節点である。食料の獲得をはじめとして，人間の利用する資源のながれを考えてみれば，とくに説明をかさねる必要もないだろう。しかし，人間が利用するために集落にもちこむ資源，その獲得のしかたは一つとは限らない。日々の食料や燃料，それは住民たちが自分の手でもちこんでくるに違いない。その場合，入り会制にしても，縄張り制にしても，人間と土地とのあいだに結びつきがうまれる。くりかえし資源を利用した結果，この結びつきが強くなれば，特定の人間による土地の占有という関係が成立する。利用頻度の高い，いいかえれば手に入れてから消費するまでの期間のみじかい物資は，土地の占有とふかく結びついている。食料・燃料・衣類の原料などを確保するには，土地の占有が必要になる。

　しかし一つの集落の住民が，必要とする物資をすべて自分たちの手で獲得できるとはかぎらない。必要とする物資を，すべてまかなうだけの土地を占有するようなことは，できるはずもない。消費（というよりは廃棄）までの期間のながい物資ならば，土地を占有しなくても，手に入れることができる。石器・装身具など，今日の言葉でいえば耐久消費財の原料の場合に，このような事情を考えることができる。仙台湾沿岸では，石鏃・石匙などの原料が，かなり遠くにある原産地から運ばれていることは前回紹介した。黒曜石・サヌカイトが遠隔地に運ばれていることはあらためて説明するまでもないだろう。海産の貝の腕輪が，内陸の遺跡から出てくることも珍しくはない。

　縄紋人が，これらの地元では手に入らない物資（＝非現地性物資）を，どのようにして手に入れたのか，はっきりした結論は出ていない。贈物・交易品だったのかもしれないし，消費者が原産地まで出向いて手に入れたこともないとはいえない。いずれにしても，消費者が資源のある土地を占有していたのでないことは，たしかである。非現地性物資が，交易品・贈物として運ばれてきたとすれば，そこでじかに働いているのは土地と人間の結びつきではなく，人間と人間の結びつきである。消費者が原産地に出向いていたとしても，資

源のある土地を占有している人々がいれば，その了解を取りつけなければ，物資を手に入れることはできない。ここでも，非現地性物資を手に入れる前提となるのは，人間と人間の結びつきである。分布が偏っていて，しかも広い範囲の需要がある資源のある土地には，入り会制がしかれていて，資源の利用はまったく制限がなかった，ということも考えられぬことはない。このような考えが成り立つとすれば，縄紋人はすべての物資を土地と人間の結びつきを仲立ちとして確保していたことになる。しかしこの考えを，考古資料だけによって，裏づけることはできそうにもない。

　ここで問題となるのは，領域という言葉の定義である。個人にせよ集団にせよ，人間が占有（あるいは所有）している土地を領域と呼ぶこともできる。その場合は，非現地性物資の産地は，消費者の立場にある人々の領域のなかには含まれないことになる。しかし，領域というものの働きが，人間の必要とする物資を確保することにあるとすれば，人間がその土地を占有（所有）しているかどうかは，動かすことのできない条件にはならない。非現地性物資の消費者も，供給者の立場にある人間を仲立ちとして，資源の分布している地域と結びついている。その結びつきをまったく無視してしまうことは納得できない。

　もちろん，人間と土地がじかに結びついている範囲（＝せまい意味の領域）と，ほかの人間を仲立ちとして間接に結びついている範囲（＝ひろい意味の領域）は区別すべきだろう。ここで，核領域という言葉を定義しなおして，せまい意味の領域を核領域と呼ぶことにしよう。ある集団（あるいはそのメンバー）が，占有している土地，いいかえれば周期的に，繰り返して利用する土地が核領域である。ひろい意味の領域——ほかの集団（あるいはそのメンバー）を仲立ちとして結びついている土地は，交渉圏とよぶことにする[18]。

　縄紋人の日常生活をささえる基盤が，核領域である。そのひろがりは，時期により地域によって差があるだろう。縄紋前期の南関東の核領域が，$300\,km^2$ 前後ではないかという推測は，これからさらに検討してみる価値のある提案である。縄紋人の生活が，核領域のなかだけで完結するわけではない。核領域の外側には交渉圏がひろがっている。この二つの要素が対になったものが，縄紋人の領域である。赤沢の指摘している遺跡テリトリ

93

ーは，あるかぎられた時間幅のなかでの核領域の断面である。現実に機能をはたしていた核領域の範囲は，赤沢の推定と大きなへだたりはないだろう。これをくわえれば，縄紋人の領域は，三種類の要素で成り立っていることになる。

　領域を，面・線・点の組合わせとして説明することもできる。領域全体・交渉圏・核領域・遺跡テリトリーは，それぞれ規模の違ういく通りかの面である。そのなかには，何種類かの活動の拠点が，文字通り点として散らばっている。長い期間にわたって，ひきつづいて，しかも反復して，何種類もの活動の拠点として利用される場所(＝集落)，みじかい期間だけ，しかし反復して，かぎられた種類の活動の拠点となる場所(＝作業地)にわけることができる。ひとつの遺跡テリトリーのなかの集落は一カ所というのが普通で，集落のまわりには違った目的をはたす，何種類かの作業地がいくつも散らばっているのだろう。

　複数の遺跡テリトリーの集合が，ひとつの核領域になる。正確にいえば，いま活きている遺跡テリトリーがひとつ，いまは死んでしまった，あるいは眠っている遺跡テリトリーがいくつかあつまって，ひとつの核領域ができる。したがって，ひとつの核領域のなかで，中心となる活きている集落はひとつだろうが，集落のメンバーの主力が移住してしまったのちに，少数のメンバーがもとの集落に居残っている場合もあるだろう。反対に，主力メンバーにさきがけて，少数のメンバーがつぎに集落となる場所に移住することもあるだろう。このように，形のうえでは小規模な集落で，中身は作業地という場合もある。

　核領域の外には，交渉圏がひろがる。ただし，交渉圏がつねに核領域・遺跡テリトリーの外だけにあるとはいい切れない。交渉圏は，遺跡テリトリーや核領域とは違って，景観のうえでは自然地と区別できないだろう。そこは核領域・遺跡テリトリー，あるいは集落・作業地のように頻繁に人間の活動の場とはならない。いくつかの集団が，ごくみじかい期間，接触・交渉をたもつときだけ，人間の活動の場となる。

　線が，点と点(集落ー集落・作業地ー集落・作業地ー作業地)，点と面(集落ー核領域・作業地ー核領域・集落ー交渉圏)，面と面(遺跡テリトリーー核領域，核領域ー核領域，核領域ー交渉圏)をつなぐ。景観のうえでは通路，内容のうえでは人・もの・情報の

流れが，この線を作っている。

　註
1）　可児通宏「縄文人の生活領域を探るー土器による領域論へのアプローチは可能か」(『研究論集』10(創立10周年記念論文集)：138-148，東京都埋蔵文化財センター，1991)
2）　同上・pp.135-36，141
3）　小薬一夫「『住居型式論』からの視点ー縄文時代前期の集団領域解明に向けて」(前掲・171-89)
4）　同上・pp.175，177-78
5）　同上・pp.178-79
6）　同上・p.180
7）　荒井幹夫・小出輝雄「打越遺跡」(『富士見市文化財報告』14，26，富士見市教育委員会，1978，1983)
8）　小薬・前出　p.180
9）　同上・pp.181-82
10）　手塚　章「地域的観点と地域構造」p.132（中村和郎・手塚　章・石井英也『地理学講座』4ー地域と景観：107-84，古今書院，1991)
11）　同上・p.142
12）　分類という作業の論理にまで触れなければ，この問題の十分な説明はできない。あまり長くなるので，ここでは説明をはぶき，結論だけ述べている。
13）　可児・前出　pp.134-53・144・145
14）　ただし，現在の縄紋研究では，結節モデルを適用できるような形でのデータの提出がほとんどおこなわれていないことも事実である。
15）　Hodder, Ian and Orton, Clive, *Spati Aalnalysis in Archaeology.* pp.54-97, Cambridge Univ. Press, 1976
　　　Grant, Eric(ed.)*Central Places, Archaeology and History.* Sheffield University Press. 1986
16）　Hodder, Ian, A Regression Analysis of some Trade and Marketting Patterns. *World Archaeology* 6：172-89, 1974
　　　Renfrew, C., Dixon, J.E and Cann, J.R., Further Analysis of Near Eastern Obisdians. *Proceedings of the Prehistoric Society* 34：319-31, 1968
　　　Ammerman, A.J., Matessi, C. and Cavalli-Sforza, L.L., Some New Approaches to the Study of the Obisdian Trade in the Mediterranian and adjacent Areas.
　　　Hodder, Ian(ed.) *The Spatial Organization of Culture.* pp.179-96. Duckworth. 1978
17）　小薬・前出　p.185
18）　結節モデルを機械的にあてはめれば，交渉圏のなかには非現地性物資の原産地も含まれることになる。しかしそうすると，ある集団の領域は，その集団の固有の領域と，ほかの集団の領域をあわせたものとなってしまい，矛盾がうまれる。おそらく，ふたつの核領域のあいだの無主地（ノーマンズランド）が交渉圏になるのだろう。この点は，もうすこし詰めが必要である。

書評

佐野大和 著
咒術世界と考古学

続群書類従完成会
A5判　455頁
8,500円　1992年7月刊

　佐野大和先生が昨年3月國學院大學を定年退職された。図書館の司書長を長年勤められながら図書館学を講義され、同館の主のような存在であった。現在でも名誉教授として時に拝顔に浴することもあるが、専ら父祖伝来の走水の瀬戸神社御奉仕がお忙しいようである。と思っていたところ、先日御著書を恵贈いただいた。儂の専門はこれだぞと、本の題としては書かれていないが、はしがきを紐解けば本書が神道考古学であることは歴然としている。
　神道考古学は、恩師大場磐雄先生が40年にわたり一人で築き上げられた日本考古学の一分野であると冒頭に述べ、その学を受けられながら「神道と言えば誰でもその中心に神社の存在を考えるように、神道考古学と言えば誰もが祭祀遺跡・祭祀遺物を中心とする考古学と思うのは当然であろうが、基督教考古学や仏教考古学のように、研究対象の枠をそれぞれの宗教に関係のある遺跡遺物に最初から限定してしまうのではなく、神道考古学においては、祭祀遺跡・遺物に限らず、当時の信仰習俗を内包する古代生活全般がすべて研究の対象となる。この論集の中に、"神道発生の基盤としての弥生文化"（中略）等といった小論が収められている所以である」と広く見ていかれようとしている。目次を紹介しよう。

序論―神道考古学序説―
第一章　神道の起源
　第一節　縄文の咒術・弥生の咒術
　第二節　咒具としての磨製石剣
　第三節　弥生期の祭祀遺跡
　第四節　日本神話と弥生文化
　第五節　神道発生の基盤としての弥生文化
第二章　咒術世界の器具と副葬品
　第一節　古式古墳副葬品の咒術性
　第二節　鉄製の鎮物（しづめもの）
　第三節　常世の貝
　第四節　貝釧小考
　第五節　壺により憑くもの
　第六節　直弧文の意義
第三章　古墳出土品とその咒性
　第一節　古墳出土の杖
　第二節　古墳時代の楯
　第三節　粘土槨考
　第四節　魚袋の系譜
　第五節　子持勾玉
　第六節　「佐奈伎・奴利旦」考
第四章　神道の世界とその時代区分
　第一節　黄泉国以前
　第二節　黄泉国の成立
　第三節　「神道と死」の問題の考古学的考察
　第四節　神道史における時代区分
　第五節　神道の深層にある世界観
　第六節　神道世界の生成

　以上24の論考をまとめられている。これらは昭和24年茨城県大洗町の鏡塚古墳発掘に触発されて、翌25年『上代文化』誌上に載せられた「粘土槨考」、「古式古墳の内部構造が屍体を密封するか石こずめにするかとかして霊魂の復活を希うための咒祭を行う設備であった」をはじめとして、大場先生歿後の昭和59年「神道世界の生成」に至る。この新著は大場神道考古学の時代区分を見直し発展させて、1 前神道期（主として縄文文化期およびそれ以前）、2 神道発生期（弥生文化期）、3 神道成育期（古墳時代前期）、4 神道成立期（古墳時代中・後期）、5 神道整備期（仏教渡来以後）とされる。これらの名称や区分は、55年発表の「神道の深層にあるもの」でもあげ、縄文食料文化の見直し、照葉樹林文化論などから「森の信仰」と縄文文化論自体に対しての見直しを含めて語られている。さらに昭和34年の「神道史の時代区分」にも遡行し、長年月検討を加えられたものであることも興味深く窺える。神道に対する諸氏の考え方の要約的な部分は案外入門者にとって有り難い書とも言える。佐野先生はかつて『やさしい考古学教室』とか『日本の古代文化』（ともに小峯書店）なども出版され、わかり易い文章で示されたこともあった。本書でも多くの学者の説を紹介しながら論を進められている。
　個々の内容について紹介する紙数はないが「壺により憑くもの」では霊魂の宿る壺の咒性を述べ、埴輪研究にとって重要なものとなり、「直弧文の意義」で、これは「あやつこ」だとして、模様の追求より、むしろその意義を求める。貝釧も大己貴神の蘇生神話を大切にされ「常世わたりの高い霊性を匂わせる咒具」とされていく。小生にとっても興味深い内容が多く、一部は同様の題名で書いたものもあるし、今後も触れてみたいテーマが多い。佐野神道考古学が、その創始者である大場先生に非常に近いところで、考古学の実証的観察と広い視野からの信仰文化の復原を着実に進めておられる様子の窺える書として是非御一読されることをお勧めする。（椙山林繼）

書評

辰巳和弘 著
埴輪と絵画の古代学

白水社
菊判 266頁
3,800円 1992年6月刊

　辰巳和弘氏が新たに世に問われた『埴輪と絵画の古代学』は，古代日本における人びとの心の世界に大きく踏み込んで，考古学的な事象から古代人の精神世界に，どこまで迫りうるか挑戦した意欲的な研究書である。同氏が1990年に著わした『高殿の古代学』に続くいわば姉妹篇ともいうべき著作である。前著の『高殿の古代学』では各地で発掘された豪族居館と，そこで発見された祭儀場と考えられる遺構をとり上げ，日常的に執行されたであろう「王権祭儀」の本質的な性格を明らかにすることを目的としていた。

　今回の『埴輪と絵画の古代学』は前著の論点を基礎に，土器・土製品をはじめ埴輪・壁画などの考古学資料にみとめられるさまざまな図像を分析し，古代の「呪術的儀礼」や古代人の「精神世界」を明らかにしようとしたものであった。その研究の世界は弥生時代と古墳時代に中心があり，一部では縄文世界にまで及んでいる。近年の研究動向では発掘された資料の事実報告が多いが，絵画や記号についての考察はきわめて少なく，本書はそうした意味合いからもユニークな研究分野であり学界を裨益する点が多い。

　内容は終章を含め全部で6章の構成になっている。第一章　神人交感の世界，第二章　アメノウズメの古代学，第三章　日本古代の顔面装飾とその系譜，第四章　円筒埴輪の線刻図文，第五章　冥界への旅，終章　形象埴輪にみる他界観。

　以上の表題に見られるように著者の辰巳氏は，弥生土器に認められる絵画や人物埴輪の顔面装飾，あるいは古墳壁画からみた古代人の精神構造について多様な論点を展開している。辰巳氏の「古代学」はその基底に考古学資料の厳密な蒐集と比較研究があり，新鮮な視点からの解釈が注目されるところである。

　著者のユニークな考察は第一章の「神人交感の世界」で見ることができる。弥生土器の絵画についても最近，奈良県唐古・鍵遺跡出土の楼閣風の建物が問題となり，また人物・動物群の中でも鳥装の人物の登場を司祭者の表現と捉え，各地の諸民族のシャーマンや日本古代氏族の特性と比較する。日本古代の土器絵画の分析を通じて，当時の人びとの「造形意志」を探り，精神構造や宗教観を考察している。辰巳氏の弥生土器絵画から古墳時代の人物埴輪，とくに巫女埴輪の姿態の呪術性の展開と，一方では家屋文鏡に見る祭儀用高床式建物とが，首長のマツリゴトの空間として氏のタカドノ論として結晶する。

　辰巳氏は銅鐸に認められる渦文と土器絵画の高床式建物の棟に描かれた蕨手状の渦文を問題としてS字渦文・渦巻文などが結果として司祭者あるいは神を表現し，銅鐸などの双頭渦文が「辟邪の呪力」のある「聖なる記号」として考えられていたと主張している。古代における渦文および三角文などが聖なる文様記号として用いられていたことは，明らかであるが，辰巳氏は「神人交感の世界」において，祭儀用建物と「袖振り（タマフリ）」の呪術世界に生きる巫女と，神とみる牡鹿と覡との関係など王権祭儀を執行する宗教的世界観に深くかかわる文様・記号と見ている。

　土器絵画としてわれわれの眼前にある資料は，断片であり類例も決して多いとはいえない。建物・動物や特異な人物像であり，さらに渦文などの記号文様であるから，各時代のこれらの資料から古代の呪術的儀礼を復原したり，精神世界を深く追求することはきわめて困難なことである。

　辰巳氏の考察は時には土器絵画から，時には銅鐸文様から，そして書紀・風土記などの文献資料を駆使して，氏の意図する古代学的方法で古代日本人の精神構造解明に迫ろうとする。その論ずる世界は実際の考古学調査によって露呈された遺構に関係があるとはいうものの，精神世界にかかわる問題という点で，一つの解釈論として十分に理解できるとしても，それが決定的な結論となりがたい困難さが滲みでている論攷という感想を私は抱いている。

　第二章「アメノウズメの古代学」も著者のめざす方向が端的に表われている論攷で，巫女埴輪から呪術的な世界にかかわる多くの人物埴輪や古墳壁画論を展開している。中には発掘されて間がない静岡県袋井市高尾団子塚古墳の資料による「三角文の呪術」など，著者の行動力の広さと努力を感じさせる点である。

　本書の後半にいたって埴輪の顔面装飾論，円筒埴輪の線刻図文の分析，装飾古墳の壁画論などが論じられる。埴輪人物像の出現と「首長権継承儀礼説」への反論が展開されるが，古代首長層の精神的な世界観を追求してきた辰巳氏は，古墳の墳丘を聖なる冥界として考えていた当時にあっては「冥界に生きる理想的な首長の姿」を表現したものと断じている。

　考古学による日本古代人の精神世界とくに精神構造の研究書として，著者の真面目な手堅い論調が印象的であり一読をおすすめしたい。　（大塚初重）

書評

古代の土器研究会 編
都城の土器集成
古代の土器1

古代の土器研究会
A4判　131頁
2,500円　1992年9月刊

　1991年9月，奈良国立文化財研究所の講堂において，「古代の土器―律令制的土器様式の西東―」と題するシンポジウムが開催された。本書は，そのシンポジウムを主催した古代の土器研究会が，会に先駆けて作成した資料集である。
　内容を語る前に，まず本書を作った古代の土器研究会とはどのような会かをお話したい。これまで古代の土器研究会と聞いて，その実態を知る人は畿内の研究者を除いて，おそらくほとんどいなかったのではないだろうか。当会は今まで，都城の土器を研究する研究者の間で，ごく内輪に活動を行なってきた会であった。しかし，現在に至るまでの長い間，着実に研究を重ね，力を蓄えていた会の実力は，本書やシンポジウムの成功を見れば瞭然である。
　当会の発足の経緯については，会長をしておられる森郁夫先生が，序文の中で簡単にふれている。会の活動が開始された1984年と言えば，森先生が奈良国立文化財研究所平城調査部で，土器の部屋の室長をされておられた時である。そうした中で，都城遺跡に取り組む人々が集まって研究会が始まった。第1回目の発表は，西弘海氏による平城京出土土器の編年についてのお話だったと聞いている。当時，同じく奈良国立文化財研究所にいらした西先生が，古代の土器研究に多大な業績を残しつつ，その1年後に早逝されたことは，会にとっても大きなショックだったに違いない。
　私は以前奈良で勉強をしていた頃，幸運にもこの研究会に参加させて頂く機会があった。とにかく「実際に土器を見て手に取りながら土器を語ろう」と，毎回必ず遺物を前にして研究発表が行なわれた。今回のシンポジウムでもその姿勢は貫かれており，飛鳥～平安までの資料が，時代を追って会場に並べられた様は圧巻であった。平城京・長岡京・平安京を中心に，集まるメンバーはその時々の内容によって異なっていたが，皆，都城の調査の第一線で活躍されている人たちばかりだった。研究会では，整理中の土器の話や，最新の発掘成果を聞くことができたし，何よりも真摯に討議を重ねる会員の姿勢と熱気に，大いに興奮を覚えたことを記憶している。
　こうした会の活動を背景に作られた本書は，主に7世紀～9世紀前半までの，都城関係遺跡から出土した土器を集成している。一口に都城といっても，藤原京・平城京など，その時々に様々に場所を変えて営まれている。調査や研究も今日まで各々の地域のなかで行なわれ，積み重ねられてきた。しかし，こうした都城関係の遺跡を，律令期という幅広い時代の中で考え合わせた時に，その土器の流れを都城の枠を越えて一括提示した例は，今まで不思議と見あたらなかったのである。古代の土器を研究する上で不便な状態であったことは確かである。
　このような観点から，本書では供膳具を中心に，編年の対象となる良好な一括資料を，年代を追って図示している。図版についても，時期の違いを越えて系譜のつながるものについては，共通の器形名を用いたり，同じ場所にレイアウトするなど，見やすいように工夫されている。その他にも，掲載された各遺跡のデーターとして，所在地・調査年次・文献名・概要が，遺跡毎の土器の構成表・径高分布図と合わせて見ることができる。仮に，この資料集一冊に含まれる情報を，その出典の報告書からいちいち引き出すことを考えて見てほしい。30数冊の報告書を集め，作業する手間と時間と場所は大変なものである。なおかつ指標となる一括資料がすっきりと整理され，時代を追って見ることが出来るという親切な編集なので，大変使い易い。本書は，実際に都城の調査・研究に従事する人々が，自分達にまず便利に，という視点で作られたものだけに，利用価値は大きい。
　本文中では，7世紀～9世紀前半代の土器様式を律令制的土器様式とし，その中での変化を大きく三段階にまとめている。これら三段階の，それぞれの特徴および詳しい内容については，本文概要を読んでいただくとしてここでは省略する。しかし，これらの土器を律令制的土器様式として，一連のものとして捉えた時，器種呼称の統一，器形の系譜をどこに求めるかなど，整理すべき点も浮かび上がっている。これらの問題は，概要の中でも今後の課題とされているので，この先検討を重ねていく間に，順次解決されていくであろう。
　田辺昭三先生が，刊行によせた文章の中で本書を評して，「全国各地の土器研究にとって，一つの基準を与えるものであることは疑いなく，土器研究の輪が古代宮都の範囲をこえて各地に拡大し，研究の進展に必ずや大きな力になることを，私は確信している。」とのべておられる。本書のような資料の積み重ねや，こうした研究会の活動が，土器研究の核となり，古代の土器研究がより一層発展してゆくことが，これからの楽しみである。申込先：京都市上京区今出川通大宮東入元伊佐町265―1　京都市埋蔵文化財研究所内　古代の土器研究会　　（福田明美）

論文展望

（選定委員 敬称十音順略五）
石野博信
岩崎卓也
坂詰秀一
永峯光一

織笠 昭

茂呂系ナイフ形石器型式論

東北文化論のための先史学歴史学論集
p. 341～p. 370

本稿は石器文化論および石器型式論構築への一道程として，茂呂系ナイフ形石器に材をとり，石器の形態と型式のとらえ方について研究史的に検討したものである。

今に言う茂呂系ナイフ形石器は当初，個別の形態区分と比較研究の単位である「茂呂形」として設定されていた。これが地域型式的な認識を経たうえで「茂呂型」とされ，さらには時間的限定を加えることで「茂呂石器文化」の理解が示されたのである。

1960年代，関東・中部，あるいはそれ以上の地理的範囲の中でより拡大した時間幅を持つ石器としてとらえられたとき，「茂呂系」の理解と表現とが呈示されることになった。ナイフ形石器の仲間が初めて時空系を背負った用語としての位置を勝ち得たのである。

1973年以降，関東・中部を対象としたナイフ形石器の体系的分類を目指す方向性が展開され「月見野・野川」の成果とともにかなり強固な編年と石器文化理解の前提が敷設されることになる。だが1980年代以降は，共通した視点に基づく石器（群）の均等で体系的な分類は，むしろ局限されるようになった。その結果，どのようなことが起こったのか。

茂呂系ナイフ形石器研究では茂呂型一茂呂系自体の実体的なとらえ方の混乱が始まった。次いでそうした混乱を背景に，基礎研究が軽視されるようになった。そして目的の無い報告書記載と方法の無い論文執筆が目につく状況となっ

てしまった。

一方では「茂呂系」設定以降の矛盾を現状の中から解消しようとする試みも各地で開始されている。これからは技術論理と実態をふまえたうえで個別形態ごとの型式的なつながりを重層化する作業，すなわち組成型論の着実な繰返しが必要となろう。茂呂系には限定していないが拙著「先土器時代人の生活領域」「弥三郎第2遺跡縄文時代草創期」でその一端を呈示したので参照されたい。（織笠 昭）

寺澤 薫

銅鐸埋納論 上・下

古代文化 44巻5号，6号
p. 14～p. 29，p. 20～p. 34

銅鐸はその型式学的，年代学的研究の蓄積とはうらはらに，祭祀的機能や埋納の意味，あるいは銅鐸そのものの本質にせまる研究は途についたばかりである。幸い近年，銅鐸を埋納状態で調査するケースが増加し，上記の課題にせまる直接的な糸口がようやく見えはじめた。小論は近年の銅鐸の埋納調査例18例を逐一検討し，それによって従来は等閑視されていた過去の主要な出土例76例についても二次資料としての価値を再検討した結果，次のような結論と方向を見い出すにいたった。

(1) 埋納状況および従来の根拠となった諸点を検討すると，土中保管説は成立しがたい。(2) 銅鐸は集落（ムラ）や共同体領域などの，邪気が進入しやすい＜内＞＜外＞の境界に埋納された。(3) 銅鐸は鰭をたてるか水平にするかの埋納法を一般とする。これは銅鐸がA・B面文様を故意に違えたり，複数埋納銅鐸が2個ないし偶数を基本とする銅鐸の二元的世界

観と深く関係する。(4) 「聞く」銅鐸は穀霊に対する＜僻邪＞と＜呪縛＞の二面の祭祀的機能をもち，主に農耕上の有事に際して順次埋納された。だが，中期末にはその大部分が一挙埋納を完了する最大の有事があった。(5) その有事とは前・後漢王朝との冊封をバックにもつ北九州勢力に対する銅鐸圏の畏怖と混乱であり，これを境に後期の「見る」銅鐸は共同体の守護を目的とした政治的の呪器へと大きく変貌していく。(6) 銅鐸の分布，鋳型の出土状況等々からみて「聞く」銅鐸は小共同体，「見る」銅鐸は大共同体（クニ）単位で保有された可能性が強い。(7) 近畿周縁部の大量埋納銅鐸が畿内中枢部の政治的行為によるものとの考えはあたらず，な常に政治的，文化的な内外の関係に揺れ動く辺境の心性を如実に示した現象と考えられる。 （寺澤 薫）

松木武彦

古墳時代前半期における武器・武具の革新とその評価

考古学研究 39巻1号
p. 58～p. 84

本論は，古墳時代前半期における武器・武具やその出土古墳の分析を通じて，国家形成期における軍事組織の生成と拡充の過程を，考古学的に捉えようとした試みである。

まず，甲冑・鏃・刀剣類を中心に，武器・武具類の変遷過程を検討した結果，前期末を境に急激な技術革新と組合せの変化が認められた。同時に，その出土古墳や副葬配置についても，大形前方後円墳・棺外副葬が主体であったのが中小円・方墳で棺内副葬を行なうものが急増する。こうした現象か

ら，司祭者的役割を合わせもつ大首長によって構成される軍事的機構が，前期末を境に，中小の武器副葬古墳の被葬者を下位に取り込んだ階層的な軍事編成に再編される状況を想定した。さらにこの再編が，河内への大王墓の移動と軌を一にすることから，それに伴う政治的大変動の一環であったと推測し，その契機として，朝鮮半島への軍事行動とそこからの敗退が大きく影響したと考えた。

論の後半では，エンゲルスの古典学説に沿って，国家の一属性としての公的強力に相当する軍事組織がどの段階で出現するのかという観点から，前半で推測した軍事的機構や軍事編成の歴史的評価を試みた。その結果，前期末の再編に先立つ大首長間の軍事的編成は，弥生末期の環濠集落の解体など首長による武力の掌握を前提として形成されたと考えられることから，すでに「人民の武装」の段階を脱した初現期の公的強力と評価した。さらに前期末に形成される新しい軍事編成については，より成熟した，充実の過程にある公的強力とみなした。

現在，日本の国家成立期を遅くみて，古墳時代を国家前の段階とする考えが，文献史学を中心に支配的である。本論は考古学の立場から，古墳時代社会が，すでに国家的な支配形態の要素を備え始めていた可能性を説くものである。

（松木武彦）

林部　均

律令国家と畿内産土師器

考古学雑誌　77巻4号
p. 17〜p. 77

飛鳥・奈良時代に畿内で成立した律令国家は，中央集権的な制度と機構をそなえ，列島各地を画一的に支配していくことを意図していた。しかし，そういった律令国家の意図とはうらはらに，律令国家と列島各地とのかかわりは，それぞれの地域の地理的位置や自然環境，歴史的条件のちがいにより，多様なものであった。この論文ではこのような見通しのもと，畿内から列島の各地域へ搬入された土師器（畿内産土師器）をひとつの切り口として，律令国家と列島各地とのかかわりを明らかにする。そのうえで律令国家の特質について，大まかな見取り図をえがく。

まず，畿内産土師器をさまざまな視点から分析する。その結果，律令国家と列島各地とのかかわりは必ずしも画一的なものではないことが明らかとなった。すなわち，西日本の各地は，飛鳥時代初頭から畿内との煩雑なかかわりを絶えずもちえた地域であり，なかでも畿内周辺地域と瀬戸内海沿岸地域では，その傾向がいちじるしく，律令国家の政治的，経済的な基盤の一端がこの地域にあると考えた。一方，東日本の各地は，畿内とのかかわりをもちはじめた時期や，ピークをむかえる時期には，西日本とそう大きなへだたりはみられないが，そのかかわり方には大きなちがいがみられた。東日本は，西日本のようにたえずかかわりをもちえたのではなく，ある一時期に急激に畿内とのかかわりを増大させていた。とくに奈良時代初頭のそれは，西日本をはるかに凌駕しており，この時期に律令国家がこの地域の支配をいかに重視していたかが明らかとなった。このことから，律令国家にとって西日本はたえずかかわりをもちえた一体性のつよい地域であり，それに対して東日本は，律令国家がその支配に組み込むにあたって，西日本とはちがった別のシステムが必要な地域であった。それだけ律令国家にとって，東日本は独自性をもちえた世界であると考えた。

（林部　均）

伊藤　純

風字硯をめぐるいくつかの問題

ヒストリア　135号
p. 73〜p. 88

考古資料と伝世品，近くてなか遠い関係である。考古資料をもとに，正倉院と東大寺に伝わる風字硯について考えてみる。

日本において風字硯が出現するのは，長岡京の時期780年代であり，現状の資料によると，これより確実にさかのぼるものはない。日本産の風字硯の特徴をおさえるために，愛知県の猿投窯跡からの出土品を見ると，初期のものは細長い平面形をしており，脚の形態は時期の新古を問わず圧倒的に柱状のものが多い。考古資料から得られたこのような知見をもとに伝世品を見ていきたい。

正倉院中倉には「青斑石硯」が伝わっている。これは，宝物目録によって753年（天平勝宝5）の時点で存在しており，753年以前につくられたことが判る。日本で風字硯がつくられるのは780年代以降であるため，「青斑石硯」は中国唐からの輸入品と考えざるを得ない。輸入品とすれば，735年に帰国した玄昉と吉備真備の一行がもたらした可能性が高い。

東大寺に伝わる風字硯は，これまで猿投産とする見解が多かった。脚の形態は硯尻の端と一体となったものである。考古資料から得られた知見を踏まえると，平面形や脚の形態から猿投産とする積極的根拠はない。中国盛唐代の風字硯の中に，本品のような硯尻の端と一体となった脚をもつものがある。東大寺の風字硯も，脚の形態などから中国からもたらされたものと思われる。

また，東大寺の硯と正倉院の「青斑石硯」とは酷似した平面形であることから，ともに中国でつくられ，ひとつは石の台座の塡め込まれた後に，735年に帰国した遣唐使によって日本にもたらされ正倉院に入り，別の実用的なひとつは東大寺に入ったのではなかろうか。動かぬ事実をもつ考古資料を基軸にすると，伝世品についても新たな視点が開けることもある一例であろう。

（伊藤　純）

●報告書・会誌新刊一覧●

編集部編

◆鳴沢遺跡・鶴喰（9）遺跡　青森県教育委員会刊　1992年3月　B5判　408頁

　青森県西部の鰺ヶ沢町に所在する鳴沢遺跡と森田村鶴喰（9）遺跡の報告。両遺跡とも鳴沢川上流左岸段丘上に位置する。鳴沢遺跡では縄文時代前期末葉の土壙2基，埋設土器遺構13基，集石遺構1基，遺物廃棄ブロックが検出され，鶴喰（9）遺跡は縄文時代前・中期と平安時代の土器が出土したのみである。鳴沢遺跡の埋設土器遺構は，残存脂肪酸と残存燐酸成分濃度の分析結果，埋納容器として小型の土器が使用されていることなどから，胎児骨の収納の可能性が指摘されている。

◆石神台遺跡　大磯町教育委員会刊　1992年3月　B5判　322頁

　相模湾に面した神奈川県中南部，大磯町の西部丘陵の石神台の丘陵頂部，標高80m前後に位置する遺跡。主な遺構は縄文時代後期中葉の配石遺構4基，土壙29基，土壙墓11基，ピット群2ヵ所などで，配石遺構と土壙墓との有機的な関係が明らかな遺跡である。

◆有玉西土地区画整理事業に伴う埋蔵文化財発掘調査報告書　浜松市文化財協会刊　1992年3月　A4判　上巻518頁　下巻657頁

　浜松市の北西部三方原台地と東側の河岸段丘に立地する瓦屋西C古墳群，地蔵平古墳群，瓦屋西II遺跡，地蔵平遺跡の報告。瓦屋西Cでは後期の前方後円墳1基を含む27基の古墳が調査された。横穴式木室8基，埴輪棺3基，土壙墓8基があり，埋葬施設の多様さが注目される。地蔵平古墳群は5～6世紀の横穴式木室，横穴式石室，木棺直葬の94基の円墳の調査で，瓦屋西II・地蔵平遺跡は縄文時代の住居跡と土壙の調査である。

◆上ノ山　瀬戸市教育委員会刊　1992年3月　A4判　677頁

　瀬戸市南端の八幡丘陵斜面に立地する遺跡の報告。吉田・吉田奥遺跡は古墳時代の竪穴住居跡4軒，古墳4基，砦跡1，窯跡8基などが調査されている。古墳群は6～7世紀の横穴式石室であり，砦跡は丘陵尾根上に位置する主郭規模約17×14mのもので，周囲に溝・盛土が確認され，出土遺物より15世紀末～16世紀前半代の築造とされる。9基の窯跡は10世紀後半から13世紀後葉の築窯であり，10世紀後半の20号窯跡での緑釉陶器の確認は瀬戸窯で初の例。

◆大分県丹生遺跡群の研究　古代学協会刊　1992年3月　B4判　592頁

　大分市の東方に位置する丹生台地上に点在する旧石器時代遺跡群，いわゆる前期旧石器存否論争に関わった丹生遺跡群の正式報告書であり，第1部発掘報告篇，第2部共同研究篇よりなる。昭和37～47年の6次にわたる調査結果を総括・再検討し，前期旧石器文化に相当するか否か論争のあった石器群について，シベリア・中国・朝鮮半島との比較という東北アジア的視野から考察されている。共同研究編には，木村英明「シベリアの旧石器と『礫器文化』について」，佐川政敏「中国旧石器時代の礫器」，黃慰文「中国華南地方の初期人類が残した礫器文化」，鈴木忠司「朝鮮半島の旧石器文化と丹生石器群」，橘昌信「九州における旧石器時代・縄文時代早期の礫器と斧状石器」，織笠昭「日本列島における片刃礫器と丹生1―B地点北区第2群石器の位置付け」，竹岡俊樹「石器研究の目的と方法」などの研究論文を収録する。

◆東北文化論のための先史学歴史学論集　加藤稔先生還暦記念会編　1992年5月　B5判　1007頁
　その後のバンスヴァン…山中一郎
　実験使用痕分析と技術的組織
　　　　　　　　　…………阿子島香
　交換と分配…………………栗島義明

岩手の旧石器時代遺跡とその地形環境………米地文夫・菊池強一
へら形石器の機能論的考察
　　　　　　　　　…………佐藤宏之
石刃技法における前処理，稜線づくりおよび第一石刃について
　　　　　　　　　…………松沢亜生
阿武隈川上流域における旧石器時代の石器群とその出土層位について…………柳田俊雄
東北地方後期旧石器時代前半期の一様相…………………藤原妃敏
東北地方における石刃技法出現期の石器群について……渋谷孝雄
東北地方における後期旧石器時代石器群の剝片剝離技術の研究
　　　　　　　　　…………会田容弘
金谷原遺跡出土石器群の研究
　　　　　　　　　…………藤田　淳
茂呂系ナイフ形石器型式論
　　　　　　　　　…………織笠　昭
三つの瀬戸内技法………有本雅己
男女倉遺跡と大平山元遺跡の編年的位置について
　　　…………角張淳一・横山裕平
細石刃石器群の技術構造
　　　　　　　　　…………桜井美枝
旧石器時代終末から縄文時代初頭の石斧の研究…………白石浩之
弓張平B遺跡（第2文化層）出土有舌尖頭器石器群の検討
　　　　　　　　　…………石井浩幸
中国新石器時代武器浅探
　　　　　　　　　…………佐川正敏
山形盆地北半部の考古遺跡立地と土地条件…阿子島功・村上裕子
山形県米沢市の桑山遺跡群における縄文時代早期の集落について
　　　　　　　　　…………菊地政信
月ノ木B遺跡出土第6群土器について…………………黒坂雅人
東北地方縄文時代前期前葉組縄文について…………高橋亜貴子
田端東遺跡出土土偶の意味するもの…………………安孫子昭二
東北地方における晩期縄文土器の成立過程………………須藤　隆
米沢市杢代遺跡出土の縄文時代晩

期の土器群
………佐藤庄一・佐藤嘉広
東北地方における遠賀川系土器の
受容と製作…………佐藤嘉広
北海道における天王山式系土器に
ついて…………上野秀一
東北地方の木製農耕具…荒井　格
置賜地方における「終末期古墳」
…………高橋千晶
山形盆地の古墳………茨木光裕
庄内平野の古墳時代史・阿部明彦
東北地方出土の古代人骨の形質に
ついて…………石田　肇
東北地方南部の国造に関する新解
釈…………佐藤洋一
藤原京と平城京………北村優季
地域霊場の様相………山口博之
◆人間・遺跡・遺物　発掘者談話
会　1992年5月　B5判　263頁
後田遺跡の検討…………麻生敏隆
崎瀬遺跡第4文化層の台形石器に
ついて…………萩原博文
小森川流域の旧石器資料
…………中島真澄・米倉浩司
細石器文化の研究………白石浩之
もうひとつの製作工程…田中英司
南関東における西海技法の受容と
変容…………織笠　昭
「三戸式」と「日計式」・領塚正浩
埼玉県・大原遺跡第3類土器をめ
ぐって…………岡本東三
アカホヤ火山灰が残したもの
…………木崎康弘
自問石器組成…………齊藤基生
縄文時代柄鏡形敷石住居の微視的
分析…………赤城高志
縄文集落に関する若干の考察
…………安井健一
信濃に於ける米作りと守り
…………町田勝則
円乗院式施文の評価とその位置
…………小出輝雄
動物形土製品に関する覚書
…………四柳　隆
北部九州における近世古窯跡の研
究…………副島邦弘
出島オランダ商館長の京都休息
…………下川達彌
近世堅果類の貯蔵施設「樫ぼの」
遺構について…………立平　進
◆栃木県考古学会誌　第14集　栃

木県考古学会　1992年5月　B5
判　142頁
関東北部に於ける晩期姥山式土器
の分布と若干の考察…渡辺邦夫
安行3b式土器における二者
…………山田仁和
足利市域に於ける耕作遺構調査の
現状と課題…………大澤伸啓
◆博古研究　第3号　博古研究会
1992年4月　B5判　47頁
壺形埴輪の性格………塩谷　修
長頸鏃について………小澤重雄
短頸壺の蓋…………土生朗治
◆埼玉考古　第29号　埼玉考古学
会　1992年4月　B5判　106頁
黒浜式における格子目文土器成立
についての覚書………奥野麦生
諸磯C式土器研究への一視点
…………細田　勝
安行式における弧線紋系土器につ
いて…………橋本　勉
◆国立歴史民俗博物館研究報告
第42集　1992年3月　B5判　346頁
動物考古学の方法………西本豊弘
生業動態からみた先史時代のニホ
ンジカ狩猟について…小池裕子
日本考古学における動物遺体研究
史…………金子浩昌
◆国立歴史民俗博物館研究報告
第44集　1992年3月　B5判　605頁
東国の積石塚古墳とその被葬者
…………大塚初重
関東の後期大型前方後円墳
…………白石太一郎
関東地方東部の前方後円形小墳
…………岩崎卓也
終末期方墳…………安藤鴻基
「国造本紀」の国造系譜…篠川　賢
豊城入彦命系譜と上毛野地域
…………前沢和之
遠江・駿河・伊豆における古墳の
終末…………植松章八
南武蔵における古墳終末期の様相
…………池上　悟
北武蔵における古墳時代後・終末
期の諸様相…………杉崎茂樹
上総南西部における古墳終末期の
様相…………小沢　洋
上総北西部における古墳終末期の
様相…………白井久美子
印旛沼周辺の終末期古墳

…………永沼律朗
下総東部における終末期古墳の様
相…………荻　悦久
常陸の後期古墳の様相
…………阿久津久・片平雅俊
古墳から見た6，7世紀の上野地
域…………右島和夫
陸奥南部における古墳時代の終末
…………福島雅儀
◆東京考古　第10号　東京考古談
話会　1992年5月　B5判　160頁
五領ケ台式土器………中山真治
武蔵における首長墓の変遷
…………滝沢則朗
中世区画溝に関する覚書
…………渋江芳浩
『備前系焼締め擂鉢』の系譜
…………堀内秀樹
江戸における近世土師質塩壺類の
研究…………小林謙一・両角まり
◆考古学雑誌　第77巻第4号　日
本考古学会　1992年3月　B5判
146頁
人物埴輪顔面のヘラガキについて
…………市毛　勲
律令国家と畿内産土師器
…………林部　均
◆青山考古　第10号　青山考古学
会　1992年5月　B5判　86頁
千葉県内における縄文時代の落し
穴について…………足立拓朗
弥生時代土製垂飾品の二・三につ
いて…………合田芳正
からさわ古窯跡出土瓦・補遺
…………清水伸行
古代の幹道と支道，生活道
…………富永樹之
河内鋳物師関連の鋳造遺構
…………中村淳磯
鎌倉出土の木製貯蔵具…玉林美男
◆専修史学　第24号　専修大学歴
史学会　1992年6月　A5判　93頁
老司古墳3号石室の横口部につい
て…………土生田純之
◆考古論叢神奈川　第1集　神奈
川県考古学会（平塚市金目1117
東海大学内）1992年5月　B5判
107頁
ナイフ形石器の形式学的基礎研究
…………服部隆博
甕のような高杯…………西川修一

弥生時代の石皿と磨石…浜田晋介
中世，14世紀かわらけの変遷
　…………………………宗　秀明
◆神奈川考古　第28号　神奈川考古同人会　1992年5月　B5判266頁
東日本弥生墓制における土器棺墓
　…………………………坂口滋皓
南関東における宮ノ台期弥生文化の発展…………………宍戸信悟
古墳時代前期～中期の相模を襲った地震と災害………上本進二
古墳時代後期土器の研究
　………………………長谷川厚
律令期集落解体と土地利用転換
　…………………………大上周三
南武蔵・相模における中世の食器様相……………………服部実喜
中世鎌倉の火処をめぐって
　…………………………馬淵和雄
近世陶磁器の研究………桝淵規彰
◆北越考古学　第5号　北越考古学研究会　1992年5月　B5判91頁
器種組成からみた縄文土器から弥生土器への変化………小林正志
◆長野県考古学会誌　67　長野県考古学会　1992年5月　B5判78頁
刺枝文………………………南　久和
◆信濃　第44巻第4号　信濃史学会　1992年4月　A4判　79頁
朝鮮半島の副葬鉄斧について
　…………………………村上恭通
縄文社会復元の手続きとしての胎土分析…………………水澤教子
集落遺跡に係わる建築構造
　…………………………伊藤友久
◆山梨県考古学協会誌　第5号山梨県考古学協会　1992年5月B5判　146頁
山梨の平安時代考古学研究の視点
　…………………………保坂康夫
山梨県における平安時代土器研究の現状…………………山下孝司
長野県出土の甲斐型土器
　…………………………山田真一
駿河国における甲斐型坏・駿東型坏の成立………………佐野五十三
相模地方の甲斐型土器覚書
　…………………………田尾誠敏
平城京出土の甲斐型土器
　…………………………三好美穂

山梨県における特殊文字を記した墨書土器と線刻土器…平野　修
甲斐国における官衙……福田正人
平安時代の寺院址………櫛原功一
古代の竪穴住居址の基礎的研究
　…………………………保坂和博
山梨県下の平安時代鍛冶遺構の様相…………………保坂康夫
平安時代水田址の調査事例
　…………………………鈴木俊雄
山梨県内出土の土錘……岡野秀典
山梨県内出土の腰帯具について
　…………………………瀬田正明
◆丘陵　第13号　甲斐丘陵考古学研究会　1992年5月　B5判　149頁
武蔵国分寺文字瓦に関する一試論
　…………………………鈴木俊雄
天狗沢瓦窯跡の軒丸瓦…櫛原功一
石造物の廃棄について…岡野秀典
山梨県大泉村甲ッ原遺跡出土の獣面把手をもつ縄文土器
　…………………………今福利恵
◆北陸古代土器研究　第2号　北陸古代土器研究会　1992年5月B5判　126頁
食器・食物・身分………宇野隆夫
煮沸実験に基づく先史時代の調理方法の研究……………小林正史
◆研究紀要　第1号　三重県埋蔵文化財センター　1992年3月　B5判　192頁
南伊勢系土師器の展開と中世土器工人…………………伊藤裕偉
中世後期における土器工人集団の一形態…………………小林　秀
◆Mie history　Vol.4　三重歴史文化研究会　1992年5月　B5判62頁
伊勢市柏町西垣外遺跡採集の石器について…森田幸伸・森田知博
近江における伊勢湾系の土器について……………………古川　登
鈴鹿郡関町出土の古瓦…森川幸雄
◆ヒストリア　第135号　大阪歴史学会　1992年6月　A4判126頁
風字硯をめぐるいくつかの問題
　…………………………伊藤　純
◆古代文化　第44巻第4号　古代学協会　1992年4月　B5判63頁
種子島広田埋葬遺跡上層の貝符の彫文をめぐる問題……国分直一

銅鏃の副葬をめぐる一試考
　…………………………松尾昌彦
宇部台地における旧石器時代遺跡
　………山口県旧石器文化研究会
◆古代文化　第44巻第5号　1992年5月　B5判　62頁
銅鐸埋納論（上）………寺沢　薫
◆古代文化　第44巻第6号　1992年6月　B5判　62頁
中国の岳石文化の起源について
　…………………………李　権生
銅鐸埋納論（下）………寺沢　薫
東海系のトレース………赤塚次郎
◆文化財学報　第9集　奈良大学1991年3月　B5判　38頁
棟持柱をもつ掘立柱建物の構造復元……………………岡田英男
初期須恵器窯の系譜について
　…………………………植野浩三
◆考古学研究　第38巻第1号　考古学研究会　1992年6月　A5判144頁
縄文草創期の墓…………田中英司
古墳時代前半期における武器・武具の革新とその評価…松木武彦
◆古代吉備　第14集　古代吉備研究会　1992年4月　B5判272頁
井島I型ナイフ形石器をめぐる問題とその評価…………絹川一徳
西日本縄文後期土器の二三の問題
　…………………………千葉　豊
刻目突帯文土器の成立と展開
　…………………………岩見和泰
小形倭鏡の再検討II……今井　堯
山陽地域の横穴墓の諸問題
　…………………………大谷晃二
岡山県に於ける古代土器様相の再検討……………………竹田恭彰
◆研究紀要　第1号　高知県立歴史民俗資料館　1992年3月　B5判　53頁
近世考古学と民俗学……岡本桂典
◆史淵　第129輯　九州大学文学部1992年3月　A5判　242頁
大汶口遺跡墓制考………渡辺芳郎
◆研究紀要　第6号　北九州教育文化事業団埋蔵文化財調査室1992年3月　B5判　48頁
ケズリのない甕…………佐藤浩司
北九州市内出土の古代の製塩土器について………………亀田　妥

考古学界ニュース

編集部編

―――――九州地方

200枚以上の銅銭 九州横断自動車道の建設に伴って大分県教育委員会が発掘調査を行なっている日田市東有田の尾漕（おこぎ）遺跡で室町時代の土壙墓から中国銭200枚以上がみつかった。土壙は長さ124cm、幅75cmで、銅銭は紐を通した形で見つかった。腐食が激しいが、合計200～300枚はあり、北宋代後期の「元祐通宝」と最も新しい明代初期の「洪武通宝」が確認された。この土壙からはほかに鉄鍋や土師器皿がみつかっている。なお墓から出土した例としては日本最多である。

日本初の銅鉈の鋳型 佐賀県小城郡三日月町の土生（はぶ）遺跡で三日月町教育委員会による発掘調査が行なわれ、弥生時代中期前半の銅鉈の鋳型が出土した。掘立柱建物跡（3m×4m）の柱穴から出土したもので、先端部分が折れており、長さ7.5cm、幅3.2cm、厚さ1.9cm。3本の溝が平行に走っており、火成岩製で黒く焼けていた。この鋳型で作られた製品の長さは20cm前後とみられる。工具である鉈の出土は九州での8例のみで、これまで舶載品と考えられてきた。今回の銅鉈鋳型の発見で弥生時代に鋳造された初期の青銅器で鋳型が出土していないのは多鈕細文鏡だけとなった。

火葬墓に大量の瓦 福岡県鞍手郡鞍手町小牧のイヨ谷遺跡で鞍手町教育委員会による発掘調査が行なわれ、表面を瓦で覆った平安時代の火葬墓がみつかった。6m×3mの範囲に密集した瓦の下に直径30cm前後、深さ20cm前後の穴が6カ所見つかり、うち2カ所には瓶子形の蔵骨器が納められていた。蔵骨器の中には人骨が認められた。軒丸瓦の文様には単弁蓮花文と複弁蓮花文、軒平瓦には斜格子文と均正唐草文があり、大宰府政庁跡や福岡市鴻臚館跡から出土した瓦と同文様だった。このような形態の火葬墓の例は全国的にも珍しく、瓦の生産・流通と被葬者との深い関係が推察できる。

集落と水田の境に土堤 春日市教育委員会が発掘調査を進めていた春日市大和町5丁目の須玖尾花町遺跡で、弥生時代中期末から後期前半の集落と後期前半から後半にかけての溝と土堤、水田跡が発見された。同遺跡は春日丘陵の北端にあって、奴国王墓に比定される須玖・岡本遺跡から東へ約200mの位置。集落と水田は極めて近接するが溝によって明確に区画されていた。土堤は緩やかに傾斜していた丘陵の際を掘削し、掘り上げた土をカットした丘陵の対岸に積み上げて造っていた。土堤は約25mにわたって確認され、幅は基底部で2.5～3m、高さ約60cmだが、もとは1m程度はあったとみられる。溝は幅2～3.5mで、井堰とみられる杭列が50本以上見つかっていることや、土堤に水口を2カ所に刻んでいることから水田の用水路としての機能があったものとみられる。丘陵上には竪穴式住居跡3棟と掘立柱建物跡3棟以上が発見され、掘立柱建物跡には一辺9mを越える規模のものもある。これが首長クラスの居館といった建物の一角をなすものであれば、この土堤と溝には、単なる水田の大畦畔と用水路にとどまらず、土塁や環濠といった防御的機能を兼ね備えていた可能性も考えられる。

7Cの筑紫地震の跡 久留米市教育委員会が行なっている市内2カ所の発掘調査で大地震の際にできる地割り跡がみつかり、この地震は『日本書紀』にも記載されている天武7年（678）の筑紫の大地震ではないかとみられている。久留米市合川町の筑紫国府跡と同市安武町の庄屋野遺跡でみつかったもので、前者では弥生時代の環濠を横切る形で東西方向に幅1～4cmの地割れが8本、後者でも弥生時代の溝を横切るように幅20cm～1mのものが1本確認された。久留米市には東西に延びる水縄（みのう）活断層系が走っており、筑後国府跡では先に噴砂の跡もみつかっていること、さらに筑紫大地震以後、地割れができるような震度6級の地震は記録されていないことなどから、この地割れは筑紫大地震の時のものと推定される。

縄文晩期の二重環濠 福岡市博多区那珂6の那珂遺跡で福岡市教育委員会による第37次の発掘調査が行なわれ、縄文時代晩期に造られた二重の環濠が発見された。環濠は湾曲しながら東西方向に並行に走っており、2つの間隔は約5m。外側の環濠は長さ35m、V字型の断面をなし、幅5m、深さ2m。内側の環濠は長さ45mで逆台形の断面をなし、幅2m、深さ1m。内側の溝の底部を中心に夜臼式土器片数百点が出土した。土器の中には彩文土器も含まれており、柱状片刃石斧も出土した。環濠の湾曲度からみて外周の規模は直径160mの円状になるものとみられる。弥生時代以前にさかのぼる環濠集落が存在したことを裏付けるもので、この時期は弥生時代に含めるべきだとの説もある。

―――――中国地方

盾持人埴輪一括出土 淀江町教育委員会が行なっている鳥取県西伯郡淀江町中西尾の井手挟（いでばさみ）3号墳の発掘調査で、盾持人埴輪を含む形象埴輪が一括出土した。墳丘および周溝北半は圃場整備によって消滅していたが、直径約30mの円墳と確認され、5世紀末頃の築造と考えられる。出土した埴輪は、円筒埴輪・朝顔形円筒埴輪のほか、盾持人9点・

■考古学界ニュース■

鹿2点・猪1点・鶏3点・水鳥2点・家1点以上。盾持人埴輪には大型と小型があり、高さ80〜95cmの大型3点がほぼ完形で出土した。顔面の表現は非常に細かく、黥面を施し、顎鬚・鉢巻を表現している。盾面の文様は平行線文・鋸歯文を組み合わせた単純なものである。盾持人の出土例は西日本では比較的少なく、埴輪群の構成を知る上で貴重な資料となった。

三重環濠集落と四隅突出墓 米子市尾高の尾高浅山遺跡で米子市教育委員会による発掘調査が行なわれ、弥生時代後期前葉の竪穴住居のまわりに三重の濠を巡らす環濠集落と、四隅突出型墳丘墓がセットでみつかった。同遺跡は大山の裾野の標高70m、水田との比高差40mの丘陵にあり、精進川に向かって急斜面になっている北側を除いた三方に頂上を囲む3段構造の環濠が不整楕円状に配置されている。頂上に最も近い第一環濠は全長180m、約2m低い位置にある第二環濠は全長200m、さらに約7m下の第三環濠は長さは不明だが、いずれも上幅4〜2.5m、底幅1〜2.5mある逆台形のもので、濠内から出土した土器によって弥生時代後期前葉とわかった。竪穴住居跡は第一環濠の内側に2棟、第二環濠と第三環濠の間に1棟ある。頂上平坦部には古墳時代中期の帆立貝式古墳も築かれている。また、集落と谷を隔てた一段低い南側丘陵頂部に四隅突出型墳丘墓がある。長辺10.5m、短辺7.6mで高さ85cmの盛土をもち、裾部に立石、斜面に貼石があった。出土した土器から弥生時代後期初頭に造られたと考えられる。

雨乞い用？牛馬の頭骨 岡山市津寺の津寺三本木遺跡で岡山県古代吉備文化財センターによる発掘調査が行なわれ、鎌倉時代末期から室町時代初めにかけての溝（幅2m、深さ1m）から、雨乞いの儀式に使ったとみられる牛馬など大型獣3頭分の頭骨がまとまって発見された。1m四方ほどの範囲に牛、馬の左下顎（長さ30cm）や前歯、シカとみられる顎の一部が拳大の石や1340年前後の早島式土器片と一緒に見つかった。種類の異なる大型獣が、しかも頭骨部分だけまとまって出土したことから雨乞いの儀式に伴うものとみられ、1334年7月に備前国旱災の記録があることから、備前国と備中国の境に近い同遺跡で大きな雨乞いの儀式が行なわれた可能性が強い。

─────────近畿地方

白鳳期の人名入り瓦 高槻市立埋蔵文化財調査センターが発掘調査を行なった市内郡家新町の芥川廃寺跡で渡来系氏族の名前とみられる文字がヘラ書きされた白鳳時代？の軒平瓦片が発見された。瓦は5cm×7cmで、白鳳時代の複弁八葉蓮華文軒丸瓦などと一緒にみつかった。瓦の裏に「何爾」とあり、文字がさらに続く可能性もある。中国の正史である『二十四史』などには技術者として知られる「何」氏の一族も多く、芥川廃寺の造営にかかわった中国系の渡来人の可能性が強い。芥川廃寺は三島県主が7世紀後半に建立したといわれる氏寺で、寺域は東西約100m、南北約50mと推定され、10世紀ごろまでの存続が確認されている。また瓦の中には平安時代の官寺だった京都・西寺の刻印のあるものも含まれている。

帆立貝形に改築した円墳 岸和田市池尻町の久米田古墳群に含まれる5世紀初頭の風吹山古墳が築造当初は円墳だったのを、その後造り替えて帆立貝形にしたことがわかった。岸和田市教育委員会が公園整備事業に伴って発掘調査を行なった結果、後円部径が約59m、前方部幅約30mで、全長約71mであることがわかった。前方部と後円部の接点付近を掘り下げたところ、後円部に沿って幅7m、深さ2mほどの周濠跡がみつかり、その上に盛土をした跡が認められた。このため、円墳として築造した後に身分の格上げなどで帆立貝形に改められたとみられる。その期間は堆積した腐植土の厚さから数年程度とみられる。後円部は3段築成で円筒埴輪を飾っており、埴輪間の柱穴跡の存在から木の埴輪などが併立していた可能性もある。こうした古墳の造り替えは6世紀代に関東や九州に数例あるが、これだけ大規模なものは初めて。

韓式系土器多数 八尾市西木の本3丁目にある古墳時代中期の集落跡・八尾南遺跡で、（財）八尾市文化財調査研究会による発掘調査が行なわれ、韓式系土器が多数見つかったことから、この遺跡は渡来人の集落とみられている。集落跡は6棟分の掘立柱跡、井戸跡1基のほか、土坑、溝跡などがあった。土坑内から韓式系土器の平底鉢（口径11.4cm、高さ11.1cm）がほぼ完形のまま出土、約1万点の破片から識別が可能な土器は百数十点あり、全体の3割近くを韓式系土器が占めている。そのほか勾玉1点、白玉16点も同時に出土した。韓式系土器がこれほど集中して出土したのは全国でも珍しい。

旧石器時代の石器製作場跡 羽曳野市遺跡調査会が発掘調査を進めている市内翠鳥園の翠鳥園（すいちょうえん）遺跡で後期旧石器時代の石器製作場跡が発見された。完成、未完成のナイフ形石器や石片が約2万点出土しており、作業過程ばかりでなく、製作に当たった人々の具体的な動きまでわかる。これまでに瀬戸内技法によって作られたナイフ形石器（長さ

3〜8 cm，幅 1.5〜2.5 cm）は約200点，掻器（長径 5〜6 cm）は5点出土し，いずれも3〜4 km 東にある二上山麓で産出するサヌカイト製。接合して原石近い状態にまで復元できる資料も数十点にのぼると思われる。石器類は100点から2,000点が直径 1〜2m の範囲に集中し，それが32カ所数えられた。火を焚いたりした生活の痕跡は明確ではなく，石材産地と居住の場との中間地点に設けられた石器づくりのための作業場で，短期間に集中して利用されたらしい。

1世紀末の素環頭鉄刀　京都府中郡大宮町教育委員会が発掘調査を行なっていた同町三坂の三坂神社墳墓群から弥生時代後期初頭の素環頭鉄刀1点がみつかった。同墳墓群は竹野川右岸東約500m の丘陵の尾根づたいに6基の台状墓が連なっているもので，この鉄刀がみつかったのは，最も高い南端に位置する最大の3号墓中央の第10主体部（全部で14基の埋葬施設がある）。同主体部の木棺墓（長さ 2.4m，幅 0.9m）から出土し，長さは30 cm，刀幅 1.4 cm，環頭部は長径 5 cm の楕円形をなしており，大陸製とみられている。同じ木棺墓からは漆塗りの木製品や鉇，鉄鏃のほか，ガラス製勾玉，小玉，管玉，水晶製小玉（16点）など計約40点余りの副葬品が出土した。木棺墓が収まった墓穴は長さ 5.8m，幅 3.7m，深さ約 2m という大きなもので，副葬品の豊富さと相まって被葬者は同地方の首長とみられる。

縄文後期の落し穴23基　京都府船井郡日吉町の天若遺跡で京都府埋蔵文化財調査研究センターによる発掘調査が行なわれ，縄文時代後期の狩猟に使われたとみられる落し穴23基が発見された。現場は日吉ダム水没予定地で，そばを大堰川が流れ，両側を山に挟まれた

平地。落し穴は直径 1m 前後の円または楕円形で，深さは 50 cm から 1m 残っているが，もとは 1〜1.5m 程度あったらしい。穴の中には逆茂木を立てた痕跡があった。穴の中から縄文土器片がみつかったほか，周辺からは石鏃や石斧も出土した。近畿地方では落し穴の発見例がほとんどなく，貴重な資料といえる。

弥生中期の水晶玉工房跡　京都府竹野郡弥栄町溝谷の奈具岡遺跡から水晶や緑色凝灰岩を材料とする弥生時代中期の玉作工房群跡がみつかり京都府埋蔵文化財調査研究センターが発掘を行なった。遺跡は標高約 30m の丘陵上に位置し，丘陵斜面や尾根の稜線上に住居を兼ねた竪穴式の玉作工房跡20基が密集して発見された。形は円，方，テラス状の3種類。水晶製玉の原石や未完成品は14点が出土，子供の拳大の原石から角柱状のもの，完成直前の円柱状（長さ 1.7 cm）のものまで一連の工程を示すものがそろっていた。水晶製玉の製作にともなう水晶剝片も多数出土している。原石は丹後半島産とみられる。さらに緑色凝灰岩を主力とする管玉作りの遺物が多数出土したほか，玉鋸，砥石，安山岩や瑪瑙製の石錐などの工具類もそろって出土，大規模な玉作遺跡であることがわかった。

弥生後期の巨大建物跡　滋賀県守山市伊勢町の伊勢遺跡で守山市教育委員会が発掘調査を行なったところ，弥生時代後期の巨大な建物跡がみつかった。柱穴は全部で13基あり，掘り方は短辺 75 cm〜1m，長辺 2〜2.8m，深さ 1.2〜1.4m の長方形で，柱は直径 50 cm から 60 cm とみられる。柱穴の配置から推定される高床式の建物跡は梁行 7.8m，桁行 11.3m，地上から建物の床までが 4m，屋根の最上部までが 12m という大きなもの（床面積約88 m²）。建

物の周囲に柵跡があり，建物の正面は2重になっていた。柱穴内より出土した土器からみて2世紀後半に比定される。吉野ヶ里遺跡の物見櫓の2倍近い大きさがあることから，この建物跡は倉庫や物見櫓ではなく，首長級の人物が住んでいた楼閣に当たるものではないかとみられている。

古墳の墓標？　三重県一志郡嬉野町教育委員会が同町滝之川のまんじゅう山古墳群を発掘調査したところ，墓標の可能性もある6世紀後半の石組遺構が2基発見された。まんじゅう山古墳群は標高 140m ほどの小高い丘の上にあり，南側斜面に5基の横穴式石室がある。大きい方の東側の石組は中心の石が高さ 1.7m，幅 1.8m，奥行 1.9m で，その左右は5個の石で固められ，前面に平らな石3個が置かれ祭壇状となっていた。また祭壇の前は丘の下へ向かって幅約 70 cm の，墓道とみられる石が両側に並んでいた。西側の石組はやや小型で，中心の石は高さ 70 cm，幅 80 cm，奥行 30 cm だった。この石組の中から，石室と同じ6世紀後半の土器片が出土し，また石も同じ種類のものが使われていることから，墓標のようなものではないかと考えられている。

─────中部地方

美濃から王莽鏡　美濃市教育委員会が発掘を行なった市内横越の観音寺山（標高 155m）山頂にある観音寺山古墳（前方後方形）からAD 8〜23年に作られた王莽鏡が出土した。この鏡は流雲文方格規矩四神鏡とよばれるもので，直径は 23.6 cm。外縁と方格の中間に「王氏昭竟，三夷服，多賀新家，人民息，胡虜殄滅，天下復，風雨時節，五穀熟，官位尊顯，蒙祿食，千秋万年，受大福，長保二親，子孫為傳告後世，楽母極兮」の銘

考古学界ニュース

文がある。この中の「新」の文字から王莽鏡とわかったもので，近畿より東では初めての発見。3世紀後半から4世紀初頭にかけて造られたとみられる全長約30mの同墳は岩盤を4m×1m，深さ1m程度に掘り下げて木棺を納めたもので，王莽鏡のほか，小型仿製鏡（直径9.5cm）やヒスイ製勾玉，水晶玉など計20点の副葬品があった。

伊川津遺跡から乳児用甕棺 愛知県渥美郡渥美町伊川津の伊川津遺跡で渥美町教育委員会の委託を受けた伊川津遺跡調査会（小野田勝一会長）による発掘調査が行なわれ，縄文時代晩期の甕棺10基が集中して発見され，人骨も5体分が出土した。甕棺は高さ約40cm，直径約35cmの五貫森式とよばれるもので，うち1基に屈葬されていたらしい乳児の頭骨が発見された。このほか付近からは甕に入っていない幼児の頭骨1体，男性とみられる身長160cmほどの成人のほぼ完全な伸展葬人骨2体，成人（男性？）の頭骨1体の計5体がみつかり，これで同遺跡から出土した人骨は計188体になった。ほぼ完形の成人人骨は上顎の犬歯が2本とも抜歯されており，いずれも副葬品はなかった。人骨の近くにはほぼ同時期の竪穴住居跡があり，その床面から女性を模した頭部を欠く土偶がみつかった。そのほか，埋葬されたイヌ5体やイルカ・ウマなどの動物骨，貝輪，石斧，石錐に加えて多様な石鏃がまとまって発見された。

朝日遺跡からニワトリの骨 愛知県西春日井郡の清洲町，春日町，新川町と名古屋市西区にまたがる弥生時代の大集落・朝日遺跡から弥生時代中期末に属するニワトリの骨が出土したことが，国立歴史民俗博物館の西本豊弘助教授の調査でわかった。このニワトリの骨は左の中足骨1点でケヅメの

ある雄。長さ75.6mmで骨の後側に稜がなく，ニワトリの特色を示している。ニワトリに特徴が近いキジの雄より大きいが，現在飼われている白色レグホンの雌のほぼ2/3で，ニワトリとしてはかなり小型。出土した約140点の鳥類の骨を検討した結果，ニワトリの飼育が実証された。弥生時代のニワトリの骨はこれまで長崎県壱岐島のカラカミ，原ノ辻遺跡，静岡県登呂遺跡，長野県平出遺跡の4ヵ所から出土したとの報告があるが，いずれもはっきりしない。朝日遺跡からは500〜600頭分と推定されるブタの骨もみつかっており，牧畜を欠くといわれた弥生時代像の見直しもでてきた。

―――――――――関東地方

前二子古墳に凝灰岩の敷石 前橋市西大室町にある国の指定史跡・前二子古墳（墳丘約90mの前方後円墳）で大室公園整備事業に伴う前橋市教育委員会の発掘調査が行なわれ，横穴式石室（全長13m，高さ1.8m）から凝灰岩を加工した敷石が発見された。敷石は幅1m，厚さ25cmの凝灰岩で，表面にはノミによる加工やベンガラを塗った跡があった。また玄室の奥は床面から20cmほど高い石で仕切られ，ベッド状の切石2枚が敷かれていたが，これは埋葬者を安置した棺を置いた場所と推定される。こうした構造は九州地方の流れをくむもので，そのルート解明は興味深い。また墳丘部の外側にある周堀のほか，さらに幅10mの堤をおいてその外側に幅2mの堀を巡らす二重堀構造を確認，周堀を含む全体の形は馬蹄形を呈することもわかった。

呪術用の炉址？ 群馬県利根郡月夜野町の矢瀬（やぜ）遺跡で圃場整備に伴う同町教育委員会の発掘調査が行なわれ，全国でも例のない形の付属施設を備えた炉址が

発見された。同遺跡ではこれまでに住居址15軒と配石墓群約50基，水場，木柱根群など縄文時代晩期の遺構を確認，岩版，耳飾り，石剣，石棒，石斧，石冠，管玉など同期の出土遺物はほとんどの種類にわたっている。炉址は一辺6〜7mの住居址中央部に配置されている。4個の炉石の隅に丸い石を配して，その角の延長に細長い石を6〜7個ほぼ正方形に石組した付属施設を備えている。炉は一辺が85〜90cmの大きさで，付属部分は一辺25〜30cm。複式炉とも異なっており，祭壇状石敷の南端部および遺跡内に同じ形のものがもう1基あることや，土器に付属施設の模様をつけたものもあることから，呪術的施設の要素が強いとみられている。ここでは「四隅袖付炉」と命名された。また日本海沿岸で発見されている丸太を縦に半割りにして立て並べた巨木柱列の木柱痕が約40本発見された。東西3本ずつの計6本を1単位とした5m四方の空間を構成する祭祀場の中心施設とみられる。

―――――――――東北地方

日本最大の土偶 山形県教育委員会が発掘調査を進めていた最上郡舟形町の西ノ前遺跡で高さ45cmという日本で最大の土偶が発見された。同遺跡は小国川左岸の標高70mほどの河岸段丘上にあり，縄文時代中期の集落跡。土偶は土器捨て場とみられる地域からみつかったもので，左足，腰，頭，胴，右足と5つに割れた全体が直径2.5mほどの範囲から出土した。これまでのずんぐりした土偶に比べて，八頭身に近い腰のくびれたスタイルのよさが注目される。また立てられるように安定した脚部にしていることも特徴。北海道著保内遺跡で発見された土偶（高さ41.5cm）を上まわる大きさで，重さも2.8kgあった。頭

や胸には13個の小さな穴があり，何らかの飾りを付けるための穴とみられる。さらに同様なスタイルで数cmから10cm程度の破片が周囲から30体ほどみつかっていることから，土偶の役割分担を示しているとする意見もある。

秋田城跡から曲げわっぱ　秋田城跡調査事務所が発掘調査を進めている秋田市寺内の秋田城跡で10基の井戸跡がみつかり，中から曲げ物などが出土した。今回行なわれたのは寺内字鵜ノ木地区の1,300㎡で第58次調査に当たる。井戸の深さは2～4mで，うち7基は鎌倉時代，残りの3基は奈良・平安時代のものとみられる。みつかった曲げ物は曲げわっぱとひしゃく，それに井筒の3点で，いずれも鎌倉時代の井戸跡から出土した。曲げわっぱは幅5cmの杉材を2回巻きして桜皮のひもでとじたもので直径30cm。底板はみつかっていないが，現在の形，製作法ともに同じもの。ひしゃくは直径10cm，高さ10cmで水を汲むのに使ったらしい。井筒は幅70cm，直径70cmで，板に垂直にたくさんの傷を入れ，それを内側にして曲げたもので，これほど大型のものが完全な形でみつかったのは珍しい。

──────学界・その他

日本考古学協会1992年度大会

11月22日～24日，奈良市の奈良大学を会場に開催された。シンポジウムは次の通り。

シンポジウム「古代の大王とその古墳」

司会：水野正好

石部正志：大王墳の編年と年代

笠井敏光・吉澤則男：史跡峯ヶ塚古墳の調査

堀田啓一：巨大古墳の指向性をめぐって

宮川　徏：築造企画にみられる古墳の格差─古墳時代社会における階層的秩序をめぐって─

シンポジウム「変革期の考古学」

司会：酒井龍一・泉　拓良

山中一郎：旧石器時代における変革

大塚達朗：旧石器時代から縄文時代─その変革

森岡秀人：縄文時代から弥生時代─その変革

春成秀爾：弥生から古墳へ─その変革過程

黒崎　直：古墳時代から古代国家─その変革

シンポジウム「国家・政治と宗教の考古学」

司会：水野正好・西山要一

水野正好：弥生時代の政治と宗教

和田晴吾：古墳時代前期の政治と宗教

橋本博文：古墳時代後期の政治と宗教─人物・動物埴輪にみる政治と宗教

上原真人：古代仏教と国家

金子裕之：古代祭祀と国家

このほか，「主要な発掘調査とその成果」の発表やポスターセッションも行なわれた。また最終日には山辺の道，飛鳥の道，斑鳩の道の三コースにわかれて見学会も行なわれた。なお，1993年春の総会は東京・明治大学和泉校舎で開かれる予定。

第3回「考古学と中世史研究」シンポジウム　帝京大学山梨文化財研究所（山梨県東八代郡石和町四日市場1566）は10月24日，25日の両日，帝京大学研修ハウスにおいて「村の墓・都市の墓─中世考古学及び隣接諸学から」をテーマにシンポジウムを開催した。

山崎克巳：一の谷中世墳墓群遺跡とその周辺

伊藤久嗣：中世墓の理解をめぐる一視点

田代郁夫：鎌倉の「やぐら」─中世葬送・墓制史上における位置付け─

吉井敏幸：大和地方における惣墓の実態と変遷

勝田　至：文献からみた中世の共同墓地

水藤　真：戦国時代初期の一貴族の死者儀礼─『宣胤卿記』の葬送・追善の記事から─

石井　進：中世墓研究の課題

安行文化のシンポジウム　埼玉考古学会（大宮市東大成町2─557─5　埼玉県埋蔵文化財調査事業団大宮整理事務所内）では「土偶とその情報」研究会との共催で12月12日，13日の両日，埼玉県立博物館においてシンポジウム「縄文後晩期安行文化─土器型式と土偶型式の出合い─」を開催した。

シンポジウム・安行式土器
＜基調発表＞

大塚達朗：安行式土器研究の現状

新屋雅明：安行式土器の編年

村田章人：安行式土器と東北編年との関係

橋本　勉：安行式土器と中部・関西編年との関係
＜討　論＞

司会：石岡憲雄・宮崎朝雄

パネラー：須藤　隆・家根祥多

シンポジウム・安行期の土偶
＜基調発表＞

鈴木敏昭：安行期土偶研究の現状

浜野美代子：みみずく型系統について

植木　弘：遮光器型系統・その他系統について
＜討　論＞

司会：安孫子昭二・鈴木保彦

パネラー：上野修一・瓦吹　堅・金子昭彦・新津　健・谷口康浩・堀越正行

■第43号予告■

特集　鏡の語る古代史

1993年4月25日発売
総112頁　　2,000円

弥生・古墳時代の鏡……高倉洋彰・車崎正彦
倭人と鏡
　　近畿地方における銅鏡の受容……森岡秀人
　　東日本の初期銅鏡………………林原利明
　　古墳と鏡……………………………今尾文昭
　　博局（方格規矩）鳥文鏡の系譜…高木恭二
中国鏡の年代と性格
　　後漢の鏡―内行花文鏡…………立木　修
　　福岡県平原遺跡出土鏡の年代……岡村秀典
　　飛禽文鏡について………………間壁葭子
　　卑弥呼の鏡―三角縁神獣鏡………岸本直文
　　倭五王の鏡―画文帯神獣鏡………清水康二

倭鏡の製作
　　弥生時代仿製鏡の製作地…………高倉洋彰
　　仿製鏡の変遷……………………森下章司
　　倭鏡の作者……………………車崎正彦
漢鏡の銘文……………………………笠野　毅
鏡をめぐる伝承………………………和田　萃
＜報告＞佐賀県本村籠遺跡出土多鈕細文鏡と
　　その周辺…………………………田中稿二

<連載講座>　縄紋時代史　17……林　謙作
<最近の発掘から><書　評><論文展望>
<報告書・会誌新刊一覧><学界ニュース>

編集室より

◆あけましておめでとうございます。今年もよろしくお引立てをお願いいたします。

　さて，遺跡の発掘数は1年間に3万件ほどあると聞いたことがある。近ごろはバブルがはじけて，建築関係が停滞しているというから，やや少なくなっているかも知れない。しかし新聞紙上などでは，発掘報告が大々的にとりあげられ，次次と話題が絶えない。つい2，3日前には福岡・平塚川遺跡の五重環濠集落が報道され，話題になっている。考古資料が物語る世界は，いつも夢と発見がまとわりついている。こうした注目度は，研究者を大いに励ましもする。私たちも誌面の深化をめざして頑張りたいと思う。　　　　　　（芳賀）

◆癸酉の年頭にあたり，みなさま方に新年のご挨拶を申し上げます。

　本号は久し振りに土器の編年を特集した。本誌第24号に古墳時代の須恵器と土師器を特集したことがあるが，今回は須恵器を，古墳時代からその終末の中世に至るまで縦に俯瞰したものである。須恵器が自給的な土師器と異って国家の関与が大きいことをまず知らなければならない。そして古墳の築造年代を決める手がかりの1つは何といっても須恵器なのである。土器の編年は基本である。（宮島）

本号の編集協力者――中村　浩（大谷女子大学教授）

1947年大阪府生まれ。立命館大学卒業。『陶邑』Ⅰ～Ⅲ，『和泉陶邑窯の研究』『古墳文化の風景』『研究入門　須恵器』『須恵器窯跡の分布と変遷』などの編著がある。

■本号の表紙■
一須賀・葉室古墳群出土土器

　一須賀・葉室古墳群は，大阪府南河内郡太子町から河南町にまたがって所在する群集墳で，これまでに消滅したものを含めると230基前後の古墳の存在が知られており，このうち102基については「近つ飛鳥風土記の丘」として公有化され公開されている。

　これまで約70基の発掘調査がなされているが，表紙写真はこのうち昭和58年度に発掘調査を実施した11基の古墳から出土した土器を一括したものである。すべて横穴式石室から出土したもので，年代は6世紀後半を中心に一部7世紀前半のものを含んでいるが，後者は追葬に伴うものと考えられる。また，ミニチュアの炊飯具セットを含んでいることが特徴で，渡来人との関連が指摘されている。（中央右の器台の高さ約38cm）
（写真提供・大阪府教育委員会）

（山本　彰）

▶本誌直接購読のご案内◀

『季刊考古学』は一般書店の店頭で販売しております。なるべくお近くの書店で予約購読なさることをおすすめしますが，とくに手に入りにくいときには当社へ直接お申し込み下さい。その場合，1年分の代金（4冊，送料は当社負担）を郵便振替（東京3-1685）または現金書留にて，住所，氏名および『季刊考古学』第何号より第何号までと明記の上当社営業部まで送金下さい。

季刊 考古学　第42号　　1993年2月1日発行
ARCHAEOLOGY QUARTERLY

定価 2,000円
（本体1,942円）

編集人　芳賀章内
発行人　長坂一雄
印刷所　新日本印刷株式会社
発行所　雄山閣出版株式会社
　〒102　東京都千代田区富士見2-6-9
　電話　03-3262-3231　　振替　東京3-1685

◆本誌記事の無断転載は固くおことわりします

ISBN 4-639-01137-7　printed in Japan

季刊 考古学 オンデマンド版　第 42 号　1993 年 2 月 1 日　初版発行
ARCHAEOROGY　QUARTERLY　　　　　　　　　2018 年 6 月 10 日　オンデマンド版発行
　　　　　　　　　　　　　　　　　　　　　　　　　定価（本体 2,400 円＋税）

　　　　　　　　編集人　　芳賀章内
　　　　　　　　発行人　　宮田哲男
　　　　　　　　印刷所　　石川特殊特急製本株式会社
　　　　　　　　発行所　　株式会社　雄山閣　http://www.yuzankaku.co.jp
　　　　　　　　　　　　　〒 102-0071　東京都千代田区富士見 2-6-9
　　　　　　　　　　　　　電話 03-3262-3231　FAX 03-3262-6938　振替　00130-5-1685

◆本誌記事の無断転載は固くおことわりします　　ISBN 978-4-639-13042-0　Printed in Japan

初期バックナンバー、待望の復刻 !!

季刊 考古学 OD　創刊号～第 50 号〈第一期〉

全 50 冊セット定価（本体 120,000 円＋税）　セット ISBN：978-4-639-10532-9

各巻分売可　各巻定価（本体 2,400 円＋税）

号　数	刊行年	特　集　名	編　　者	ISBN（978-4-639-）
創刊号	1982 年 10 月	縄文人は何を食べたか	渡辺 誠	13001-7
第 2 号	1983 年 1 月	神々と仏を考古学する	坂詰 秀一	13002-4
第 3 号	1983 年 4 月	古墳の謎を解剖する	大塚 初重	13003-1
第 4 号	1983 年 7 月	日本旧石器人の生活と技術	加藤 晋平	13004-8
第 5 号	1983 年 10 月	装身の考古学	町田 章・春成秀爾	13005-5
第 6 号	1984 年 1 月	邪馬台国を考古学する	西谷 正	13006-2
第 7 号	1984 年 4 月	縄文人のムラとくらし	林 謙作	13007-9
第 8 号	1984 年 7 月	古代日本の鉄を科学する	佐々木 稔	13008-6
第 9 号	1984 年 10 月	墳墓の形態とその思想	坂詰 秀一	13009-3
第 10 号	1985 年 1 月	古墳の編年を総括する	石野 博信	13010-9
第 11 号	1985 年 4 月	動物の骨が語る世界	金子 浩昌	13011-6
第 12 号	1985 年 7 月	縄文時代のものと文化の交流	戸沢 充則	13012-3
第 13 号	1985 年 10 月	江戸時代を掘る	加藤 晋平・古泉 弘	13013-0
第 14 号	1986 年 1 月	弥生人は何を食べたか	甲元 真之	13014-7
第 15 号	1986 年 4 月	日本海をめぐる環境と考古学	安田 喜憲	13015-4
第 16 号	1986 年 7 月	古墳時代の社会と変革	岩崎 卓也	13016-1
第 17 号	1986 年 10 月	縄文土器の編年	小林 達雄	13017-8
第 18 号	1987 年 1 月	考古学と出土文字	坂詰 秀一	13018-5
第 19 号	1987 年 4 月	弥生土器は語る	工楽 善通	13019-2
第 20 号	1987 年 7 月	埴輪をめぐる古墳社会	水野 正好	13020-8
第 21 号	1987 年 10 月	縄文文化の地域性	林 謙作	13021-5
第 22 号	1988 年 1 月	古代の都城─飛鳥から平安京まで	町田 章	13022-2
第 23 号	1988 年 4 月	縄文と弥生を比較する	乙益 重隆	13023-9
第 24 号	1988 年 7 月	土器からよむ古墳社会	中村 浩・望月幹夫	13024-6
第 25 号	1988 年 10 月	縄文・弥生の漁撈文化	渡辺 誠	13025-3
第 26 号	1989 年 1 月	戦国考古学のイメージ	坂詰 秀一	13026-0
第 27 号	1989 年 4 月	青銅器と弥生社会	西谷 正	13027-7
第 28 号	1989 年 7 月	古墳には何が副葬されたか	泉森 皎	13028-4
第 29 号	1989 年 10 月	旧石器時代の東アジアと日本	加藤 晋平	13029-1
第 30 号	1990 年 1 月	縄文土偶の世界	小林 達雄	13030-7
第 31 号	1990 年 4 月	環濠集落とクニのおこり	原口 正三	13031-4
第 32 号	1990 年 7 月	古代の住居─縄文から古墳へ	宮本 長二郎・工楽 善通	13032-1
第 33 号	1990 年 10 月	古墳時代の日本と中国・朝鮮	岩崎 卓也・中山 清隆	13033-8
第 34 号	1991 年 1 月	古代仏教の考古学	坂詰 秀一・森 郁夫	13034-5
第 35 号	1991 年 4 月	石器と人類の歴史	戸沢 充則	13035-2
第 36 号	1991 年 7 月	古代の豪族居館	小笠原 好彦・阿部 義平	13036-9
第 37 号	1991 年 10 月	稲作農耕と弥生文化	工楽 善通	13037-6
第 38 号	1992 年 1 月	アジアのなかの縄文文化	西谷 正・木村 幾多郎	13038-3
第 39 号	1992 年 4 月	中世を考古学する	坂詰 秀一	13039-0
第 40 号	1992 年 7 月	古墳の形の謎を解く	石野 博信	13040-6
第 41 号	1992 年 10 月	貝塚が語る縄文文化	岡村 道雄	13041-3
第 42 号	1993 年 1 月	須恵器の編年とその時代	中村 浩	13042-0
第 43 号	1993 年 4 月	鏡の語る古代史	高倉 洋彰・車崎 正彦	13043-7
第 44 号	1993 年 7 月	縄文時代の家と集落	小林 達雄	13044-4
第 45 号	1993 年 10 月	横穴式石室の世界	河上 邦彦	13045-1
第 46 号	1994 年 1 月	古代の道と考古学	木下 良・坂詰 秀一	13046-8
第 47 号	1994 年 4 月	先史時代の木工文化	工楽 善通・黒崎 直	13047-5
第 48 号	1994 年 7 月	縄文社会と土器	小林 達雄	13048-2
第 49 号	1994 年 10 月	平安京跡発掘	江谷 寛・坂詰 秀一	13049-9
第 50 号	1995 年 1 月	縄文時代の新展開	渡辺 誠	13050-5

※「季刊 考古学 OD」は初版を底本とし、広告頁のみを除いてその他は原本そのままに復刻しております。初版との内容の差違は
　ございません。

「季刊 考古学　OD」は全国の一般書店にて販売しております。なるべくお近くの書店でご注文なさることをおすすめしますが、とくに手に入り
にくいときには当社へ直接お申込みください。